**La guerre de la France**

**contre la Côte d'Ivoire**

© L'Harmattan, 2003
ISBN : 2-7475-5367-1

Présenté par
**Mamadou KOULIBALY**

# La guerre de la France

# contre la Côte d'Ivoire

| **L'Harmattan** | **L'Harmattan Hongrie** | **L'Harmattan Italia** |
| 5-7, rue de l'École-Polytechnique | Hargita u. 3 | Via Bava, 37 |
| 75005 Paris | 1026 Budapest | 10214 Torino |
| FRANCE | HONGRIE | ITALIE |

# Introduction

## Le Gangstérisme International d'Etat
## Par Mamadou KOULIBALY

La Côte d'Ivoire est en guerre depuis la nuit du 18 au 19 septembre 2002, date à laquelle des hordes d'assaillants venus du Burkina Faso, du Libéria et d'autres pays de la sous-région se sont jetées sur elle avec une violence sans pareille dans notre histoire récente en tant que Nation. Depuis, de négociations en tergiversations, d'accords en compromissions, la Côte d'Ivoire avance vers la paix en tournant en rond. Et à chaque tour, nous nous éloignons encore un peu plus de la liberté, condition et moyen de paix et de stabilité. Les complicités internes sont immenses et certains Ivoiriens se sont soumis aux intérêts morbides qui ont attaqué notre pays.

Pourquoi cette agression ? Pourquoi ces complicités ? Dans quelle direction allons-nous ? Quels sont les vecteurs de notre dynamique ? Qu'est-ce qui détermine les solutions de la crise que notre pays traverse ?

Ces questions, nous nous les posons chaque jour. Et en général, la réponse nous plonge dans le brouillard complet. Personne n'y comprend rien. Marcoussis, la contestation de Marcoussis, la France, le Comité de Suivi, l'ONU et son Conseil de Sécurité, le gouvernement dit de réconciliation, personne n'y comprend rien, pas même les initiateurs, pyromanes du reste, qui tentent vainement de se transformer en pompiers bienveillants.

L'objet de cette publication est de soulever les questions de fond et d'interroger les événements ainsi que les déclarations et les actions. Il ne s'agit pas d'une œuvre de résistance à la bourrasque provoquée par les hordes rebelles. Il s'agit plutôt d'un appel pour que nous partions en croisade contre les déstabilisateurs de notre pays.

Il ne s'agit pas d'une réflexion philosophique sur la crise et le pardon. Il est question d'un débat politique, d'une prise de position claire capable d'orienter l'action.

L'idée centrale de ce débat est simple qui reprend à son compte la thèse très populaire chez les observateurs, les victimes et leurs bourreaux selon laquelle c'est la France qui est entrée en guerre contre la Côte d'Ivoire. Le lecteur trouvera dans les pages qui suivent les exposés de l'acte d'accusation. Pourquoi la France attaque-t-elle une si petite économie comme la Côte d'Ivoire ?

Nous partons d'hypothèses conformes aux faits, donc testables, vérifiables. Tout part du fait qu'après le coup d'Etat de 1999 (que la communauté internationale a d'ailleurs salué), les Ivoiriens, sans l'aide de qui que ce soit, ont écrit une constitution qui, certes, n'est pas le type idéal d'un monde d'amour et de paix perpétuels, mais qui a le mérite d'être l'émanation du peuple, avec ses insuffisances.

Quel pays peut se vanter d'avoir la constitution idéale ? La France en est à sa cinquième depuis l'instauration de la République en 1792. Les amendements à la constitution américaine sont connus. Les réformes constitutionnelles, leurs procédures, leurs contraintes sont aujourd'hui des thèmes clés du calcul du consentement collectif. Ces domaines de l'action politique sont des champs de recherches théoriques et d'enseignement dans toutes les Universités du monde. Plusieurs prix Nobel de la paix, de l'économie et de la littérature ont été décernés à des personnalités pour leur contribution à la compréhension des principes de réformes des Etats et des Institutions. Nulle part il n'est admis que la force militaire, le coup d'Etat, la rébellion armée, la conquête coloniale, l'assassinat politique et l'organisation de génocides sont des méthodes démocratiques de convivialité entre les hommes, entre les peuples, entre les Etats.

Hélas, cette liberté que se donnaient ainsi les Ivoiriens n'a pas plu à tout le monde. Notamment, le gouvernement français qui a trouvé "suffisant" et "arrogant" ce comportement. Pour qui se prennent-ils donc ces Ivoiriens ! Sans le conseil de la France, ils s'offrent des réformes de leur vie politique ? Tel était le premier crime du peuple de Côte d'Ivoire. Comment faire comprendre à la France que le peuple de Côte d'Ivoire existe et qu'il a des droits ?

Toujours est-il que cette constitution a conduit à des élections qui ont porté Laurent GBAGBO au pouvoir. L'homme a été choisi par les Ivoiriens pour mener la politique de Refondation qu'il leur a proposée. La Refondation est une méthode de gouvernement qui consiste à creuser dans les fondations de la société ivoirienne pour corriger certaines tares structurelles qui bloquent et ralentissent la réalisation du bonheur et de la prospérité tels qu'exprimés dans la constitution. Les droits et les libertés constituent le ciment de la construction de notre Nation : la violence armée et barbare est prohibée chez nous. Mais la Refondation gêne de nombreux intérêts en Côte d'Ivoire et ailleurs dans le monde.

Une hypothèse simple à admettre aussi, et très bien connue dans la société ivoirienne, est que la France n'apprécie pas la Refondation, surtout lorsque celle-ci porte atteinte aux intérêts français. Mais que signifie donc porter atteinte aux intérêts d'un pays ? Pas de réponse.

La France n'a pas d'amis, elles n'a que des intérêts ; tel est, semble-t-il, le leitmotiv d'un général qui a gouverné la France moderne et son empire. A quels intérêts français la Refondation a-t-elle donc porté atteinte ? S'agit-il des intérêts de France Telecom qui a bénéficié d'une convention de privatisation qu'elle n'a pas encore respectée ? S'agit-il des conventions obtenues, de gré à gré, par Bouygues, sur l'Eau et l'Electricité à l'époque où le chef actuel des rebelles était Premier Ministre, conventions qui sont non seulement mal rédigées mais en plus mal exécutées ? S'agit-il du fameux troisième pont d'Abidjan, surfacturé et dont l'offre ne correspond plus à la demande des ivoiriens ? S'agit-il de l'autoroute du Nord dont il nous oblige d'attribuer les travaux à Bouygues ? S'agit-il des chemins de fer de Bolloré qui mettent du temps à se moderniser ? Les Ivoiriens pensent que oui et leurs réponses ne varient pas.

Mais, il s'agit aussi des dossiers Hyjazi et de leurs techniques de comptabilité multiples et mensongères.

Mais, il s'agit aussi du Franc CFA dont la gestion est fondée sur une des plus grosses escroqueries d'Etat de l'histoire de l'économie et du droit international. Les Ivoiriens pensent ainsi. Mais, il s'agit aussi d'Armajaro qui se défend d'être impliqué mais qui reconnaît avoir fait une très bonne opération boursière avec le timing du déroulement de la rébellion. Dans l'imaginaire collectif des Ivoiriens, ces intérêts français qui ne respectent pas toujours leurs engagements sont les financiers et les commanditaires de cette coalition internationale contre le régime ivoirien.

Plusieurs observateurs font aussi l'hypothèse que, parmi ceux qui avaient des choses graves à reprocher aux Ivoiriens, il y avait le chocolatier Barry-Callebaut, bien représenté en Côte d'Ivoire.

Ces hypothèses sur les motivations doivent être complétées par des hypothèses sur le déclenchement du processus de renversement du régime, sur la gestion de la crise qui en a résulté et sur la conception de la sortie de crise par la France, maître d'œuvre, du début à la fin. Blaise Compaoré, Allassane Ouattara, et autres, ne sont que des exécutants chacun à son niveau de responsabilité jusqu'à de Villepin et Chirac. Alors que la France n'a pas respecté ses engagements vis-à-vis des accords de coopération militaire et de défense, elle voudrait institutionnaliser en Afrique le gangstérisme international qui consisterait à éjecter du pouvoir des régimes démocratiques sous le prétexte fallacieux qu'ils ne sont pas capables de défendre les intérêts du pays gangster. Le peuple de Côte d'Ivoire dit non. La mondialisation véritable ne peut accepter la protection de situations de rente aux dépens de la lutte contre la pauvreté. La France est en contradiction avec l'article premier de la Charte des Nations Unies. Espérons que les Nations Unies, elles-mêmes, feront très attention à l'article 2 de la même Charte.

Les documents que vous avez sous les yeux vous permettent de vérifier les hypothèses que vous venez d'admettre sur la Côte d'Ivoire. Ainsi, tour à tour, vous plongerez dans l'univers de l'échec du coup d'Etat et du plan de substitution que Paris a aussitôt lancé. Le Pr. Gary K. Busch est économiste et ancien chef du département d'économie de l'université de Hawaï aux Etats Unis d'Amérique. Ce chercheur, auteur de plusieurs écrits et contributions dans *The Economist,* ainsi que dans *The Intelligence Unit, The Wall Street Journal,* et *Africa Analysis,* démontre dans son argumentaire comment la France s'est organisée par le bluff, l'intimidation, la supercherie, la simulation et la dissimulation, pour légitimer des brigands armés qui venaient d'échouer dans leur tentative de renversement du régime. C'est le premier texte que vous aurez à lire. Il n'est pas long et vous trouverez d'autres textes du même genre sur le site Ocnus.net.

Après l'échec du coup d'Etat et de sa mutation en rébellion soutenue et organisée par la France, il était devenu impératif pour Paris de faire admettre à tous qu'il n'y avait pas de solutions militaires.

Ayant échoué, la France ne donne pas le droit à l'Etat ivoirien de riposter. Elle l'oblige à la négociation avec ses rebelles qui, à Lomé, n'arrivent pas à imposer leur victoire aux Ivoiriens ; bien au contraire l'Etat de Côte d'Ivoire agressé a gagné et les mauvais joueurs refusent encore une fois le langage du droit. Ils ne croient qu'en la force.

Cette victoire du droit rencontre le refus de Paris qui convoque les partis politiques à Marcoussis. L'Etat ivoirien qui est la victime de l'agression disparaît du processus de négociation. Je me souviens encore de cette scène où, Mazeaud, les bras ouverts en étendards, proclamait du haut de son perchoir, qu'il n'y avait pas de rebelles en Côte d'ivoire et qu'autour de la Table-ronde, il n'y en avait pas non plus. A partir de ce moment-là, tout devient possible puisqu'il n'y a plus d'agressé, plus de victime, et donc plus de coupable.

Le rebelle, lui aussi, disparaît du processus. Le Quai d'Orsay ne reconnaît aucun droit à l'Etat ivoirien à qui on va jusqu'à imposer des réformes par la force des armes. Là-bas en France, Paris, naïvement, a considéré que la vie des partis politiques était la chose qui comptait le plus en Côte d'Ivoire. Hélas, Messieurs du Quai d'Orsay, la vie en Côte d'Ivoire est plus complexe que ne le laissent penser les activités des associations privées et de rebelles désemparés. La vie sociale, la vie culturelle, la dignité des Ivoiriens sont aussi importantes que la vie politique et économique, ici comme d'ailleurs chez vous.

Le document restitue donc les accords de Marcoussis dans leur cadre et leur limite. Il vous représente les commentaires critiques qui vont avec ces accords.

Mais, une fois la forfaiture dénichée, Paris trouve un substitut honorable : les Nations-Unies ou plus précisément le Conseil de Sécurité qui s'évertue à chercher des solutions là où il est incompétent sinon antidémocratique. Antoine Ahua, un intellectuel engagé et révolté, replace l'action du Conseil de Sécurité dans un débat plus vaste sur les droits de l'Homme en Côte d'Ivoire, la légitime défense des Ivoiriens dans le conflit, le sort des accords de défense signés avec la France et, surtout, nous précise ce que peuvent être l'autorité et les compétences de l'ONU en la matière.

Ce livre est un livre de combat, c'est pourquoi il présente la guerre que la France a décidé de mener contre la Côte d'Ivoire. Le seul crime des Ivoiriens est d'avoir voulu construire un Etat moderne conforme à l'idéal dans le processus de mondialisation en cours. C'est-à-dire, un Etat issu d'une société de droit, ouverte et démocratique. La liberté est mise en procès pour avoir conduit à des issues non désirées par la France de Chirac dont l'axiome préféré est celui selon lequel l'Afrique ne serait pas encore mûre pour la démocratie. Les Etats africains seraient juste bons pour la corruption d'Etat, le recyclage de l'aide publique au développement pour financer les campagnes électorales en France. Nous n'avons le choix qu'entre la démocratie cacaoyère et le parti unique colonial. Le discours de la Baule est rejeté par J. Chirac. Maintenant nous pouvons compléter cet axiome chiraquien par l'idée que le jugement de Chirac ne s'obtient que lorsque lui juge les résultats de la démocratie non conformes à ses intérêts, indépendamment des intérêts des Ivoiriens. Telle est notre lecture de la rébellion armée en Côte d'Ivoire. Telles sont les conséquences de sa gestion. Elles nous font prendre conscience qu'aucun pays n'a d'amis mais que tous ont des intérêts. La Côte d'Ivoire aussi a des intérêts qu'elle souhaite garantir et voir respectés par tous ses partenaires. Après cette guerre la coopération ne sera plus comme avant.

Je vous souhaite une très bonne lecture et une bonne réflexion. Le destin de notre peuple se joue et se détermine maintenant. Les textes présentés constituent, ensemble, un message à l'endroit des autres peuples. Le cas ivoirien est un dangereux précédent. De même que le terrorisme est en train de changer de nature surtout après le 11 septembre 2001, de même le gangstérisme international d'Etat est en train de changer depuis le 19 septembre 2002. Le phénomène mérite un traitement aussi spécial que celui du terrorisme international. Le peuple de Côte d'Ivoire a le droit de se défendre contre n'importe quel agresseur. Personne ne peut lui retirer son droit à l'autodétermination. C'est contre ce gangstérisme d'Etat que le Conseil de Sécurité devrait lutter.

Notre liberté passe aussi par cela. La recherche de la paix ne suffit pas à la prospérité et à la sécurité des peuples et des Nations. La liberté de choix des populations est l'instrument privilégié pour aller à la paix. La paix ne se décrète pas. Ce n'est pas non plus un comportement. La paix est un état d'esprit qui admet que la vie en société doive être librement déterminée par les sociétaires eux-mêmes. Les pacifistes ivoiriens ont de la paix une conception religieuse et incomplète. Ils aiment sacrifier la liberté sur l'autel de la paix. Et dans ce cas, la paix conduit fatalement au parti unique, à la dictature, à la tyrannie et donc à la pauvreté. Au contraire, dans la conception de la Refondation, la paix est le produit par excellence de la liberté. Nous voulons redevenir des hommes libres. Patriotes de tous les partis et de toutes les Nations, conjuguons nos efforts pour aller en croisade contre les déstabilisateurs de notre belle Côte d'Ivoire. Il ne s'agit pas d'une option pour nous. Il s'agit d'une nécessité vitale.

Mamadou KOULIBALY

# Côte d'Ivoire

**Comment la France a organisé la rébellion**

Le 4 février 2003, les Français réussissent à obtenir une résolution, par le biais du Conseil de sécurité des Nations-Unies, les autorisant à conduire les opérations pour le maintien de la paix en Côte d'Ivoire, aux côtés des troupes qui devaient être envoyées par la communauté économique des Etats de l'Afrique de l'Ouest (CEDEAO).
L'expression "Opération pour le maintien de la paix" est particulièrement ironique puisqu'elle est utilisée pour masquer le fait que le soulèvement des civils qui a abouti à la crise était un coup monté et perpétré par l'intervention de la France qui s'est rangée du côté des rebelles.
Le gouvernement de Laurent Gbagbo s'était aperçu qu'il devait libérer l'économie ivoirienne en faisant fi de la domination française. Cela aurait permis à la Côte d'Ivoire de s'ouvrir à tous ceux qui souhaitent lui tendre la main pour relever son économie, et de susciter la libre compétition pour l'achat du cacao qui demeure la principale culture d'exportation du pays.
La France a perçu ce signal d'ouverture comme une menace pour ses intérêts. Elle a préféré à Laurent Gbagbo son adversaire, le général Guéi, qui avait perdu les élections et capitulé lorsque le peuple a réclamé les vrais résultats qu'il tentait de confisquer.
En septembre 2002, quand la rébellion a éclaté, il y avait à peu près 650 rebelles qui avaient occupé la seconde grande ville, Bouaké. Ces rebelles étaient les recrues de Guéi qui n'avaient pas été retenues dans l'armée. Ils

avaient peu d'équipements et peu de munitions, car ils s'attendaient à un conflit qui durerait moins de cinq jours. Le président Gbagbo était à Rome pour rencontrer le Pape, et les rebelles, profitant de l'occasion, étaient sûrs qu'ils pouvaient réussir le coup en l'absence du Président. Mais quand l'attaque a été déclenchée, les troupes loyalistes ont répliqué. Elles avaient même réussi à encercler les rebelles en les piégeant dans toute la ville et avaient tué à peu près 320 d'entre eux. Elles s'apprêtaient à lancer l'assaut final sur les 320 rebelles restants quand elles ont été brusquement freinées dans leur élan par le commandant français qui dirigeait les troupes françaises stationnées en Côte d'Ivoire. Ce dernier a demandé 48h de cessez-le-feu afin d'évacuer les ressortissants français et les quelques fonctionnaires des Etats-Unis de la ville.

Les troupes loyalistes ont demandé d'attendre qu'elles reprennent d'abord Bouaké des mains des rebelles, mais les Français ont fermement insisté et obtenu le délai de 48h. Durant tout ce temps, des soldats français descendaient sur Bouaké à l'aide de parachutes pour prêter main forte aux rebelles. Il était alors devenu impossible pour les loyalistes d'éviter l'affrontement avec les troupes françaises s'ils devaient lancer l'assaut sur les rebelles.

Profitant de ces 48 heures, l'armée française avait commandé trois avions Antonov-12 affrétés qui se trouvaient à Franceville au Gabon. Ceux-ci contenaient tout le nécessaire militaire fourni par la France à partir de l'Afrique Centrale. Des chargements supplémentaires ont été acquis à Durban. Les avions affrétés survolaient la région du Nimba, au Liberia (vers la frontière ivoirienne) et aussi les zones assiégées par les rebelles en Côte d'Ivoire (Bouaké et Korhogo) où ils donnaient un coup de main aux rebelles. Des camions de transport de marchandises déversaient des combattants civils rebelles en provenance du Burkina Faso à destination de Korhogo.

Une fois à destination, ces combattants recevaient les équipements que les français avaient fait venir d'Afrique centrale et d'Ukraine.

A partir de ce moment, il y eut 2500 soldats armés du côté des rebelles essentiellement des mercenaires venus du Liberia et de la Sierra Léone, qui étaient aussi embarqués dans les mêmes avions. Ils étaient armés de kalachnikovs et autres armements qui n'avaient jamais fait partie de l'arsenal militaire ivoirien. Par la suite, la France leur a fourni un équipement de communication très sophistiqué. Les officiers ivoiriens savaient que les rebelles étaient toujours informés de leurs actions parce que les Français et les rebelles possèdent les mêmes équipements en communication et écoutent à travers les ondes de fréquences de l'armée ivoirienne.

Une fois les rebelles réarmés et équipés, les Français se sont graduellement retirés, laissant le contrôle des opérations entre les mains de mercenaires recrutés en Europe de l'Est et qui travaillent en coordination avec les Français repliés sur Yamoussoukro. Quand les Français ont fini de positionner les rebelles, ils ont actionné les Nations-Unies pour obtenir la résolution les désignant comme chargés du maintien de la paix. La paix n'était pas facile à obtenir d'autant plus que les rebelles armés ouvraient plusieurs fronts et occupaient de grands espaces du pays. Les troupes de la CEDEAO mettaient du temps pour venir et ce n'est que (…) lorsque les troupes ghanéennes ont pris les commandes qu'elles sont arrivées, pratiquement composées de troupes africaines francophones formées, équipées et supervisées par des officiers français.

De nouveaux rapports des services d'information internationaux, cette fin de semaine, citant le commandant des forces françaises pour le maintien de la paix, disaient que les troupes françaises en Côte d'Ivoire avaient découvert des corps et des cas de violence graves sur des civils quand elles étaient arrivées dans une ville déserte qui avait été attaquée un dimanche par des Libériens armés. Les traces des violences à Bangolo étaient très visibles, y compris les corps. "C'est clair, la violence a affecté beaucoup de gens", disait le colonel Philippe Perret à Abidjan. Il a refusé de dire comment plusieurs corps ont pu être vus alors que l'hélicoptère transportant un détachement de troupes françaises a atterri dans une zone occupée par les rebelles, le samedi soir, à Bangolo, situé au nord-ouest, à 600 km d'Abidjan.

Ousmane Coulibaly, l'un des rebelles, disait qu'il avait demandé à l'hélico français de chercher à voir de près la scène. "J'ai demandé aux Français de venir voir les morts. C'est tout un quartier qui a été décimé. Toutes les habitations sont remplies de corps. Seul l'Imam en est sorti vivant. Il y avait plus de 200 corps, peut-être 300. Et il y a plusieurs corps dans la brousse".

La partie ouest de la Côte d'Ivoire est sous le contrôle de deux groupes rivaux de rebelles travaillant séparément. Ces combattants sont respectivement des ethnies Krahn et Gio, des tribus qui ont été spoliées de leurs terres vers la frontière ivoiro-libérienne. Ces soldats irréguliers sont issus du régime barbare et brutal du sergent Samuel Doe du Liberia aux côtés duquel ils ont combattu dans la guerre civile libérienne. Ensuite ils ont déniché leurs suiveurs démoniaques en Sierra Léone là où ils ont combattu aux côtés du RUF. Ils sont réputés dans la mutilation de leurs victimes auxquelles ils coupent les bras, les jambes ; dans le viol et le pillage, la brutalité sur des générations de la jeunesse ouest-africaine qu'ils ont utilisée comme soldats et comme esclaves exploités à des fins sexuelles. Ils forcent ces jeunes à commettre des actes de barbarie sur leurs propres familles et les nourrissent à coups de cocktails d'alcool, de drogues et à la poudre de fusil qui les met dans un état second pour leur faire jouer leur rôle. Ces mêmes soldats irréguliers sont ceux qui ont envahi la Côte d'Ivoire et se font appeler rebelles. La plupart d'entre eux parlent anglais…

 Le commandant français a blâmé ce massacre des Libériens fantômes qui sont supposés appartenir à l'armée régulière de la Côte d'Ivoire. Ceci est totalement faux et fortement démenti par le président Gbagbo et les chefs de son armée. Des sources libériennes, sierra-léonaises et ivoiriennes (civiles, militaires, ONG) indiquent que c'est un mensonge grossier que les rebelles ont raconté aux Français qui, à leur tour, le propagent. Raconter ces mensonges, aux yeux du gouvernement ivoirien, n'est pas la meilleure façon de préserver la paix. C'est plutôt un plateau "de maintien de troubles".

 Nombreux sont les réfugiés des zones rurales qui ont déjà afflué vers la capitale, Yamoussoukro. Plusieurs rapports insistent sur le fait que les brutalités commises par les rebelles sont cautionnées par les forces françaises. Et, au bas mot, les civils tués sont estimés à des dizaines de milliers. "Ils sont arrivés et ont décimé ma famille pendant que ces soldats les regardaient et riaient", raconte une jeune fille de 12 ans qui a refusé de décliner son identité par crainte de subir des représailles. "Ma mère a plaidé pour que les combattants ne tuent pas mon père, mais ils lui ont donné un coup de pied", ajouta-t-elle. Les journalistes de l'agence Reuters avaient essayé d'aller vérifier le nombre de tués, mais les Français leur ont strictement interdit l'accès aux sites où les atrocités ont été commises. Il semblerait que plus de mille villageois aient péri entre les mains des Français qui supportaient les rebelles dans un village proche du département de Vavoua.

 "Nous ne sommes plus une colonie française et demandons à la France de mettre fin à ses aspirations impériales à l'endroit de la Côte d'Ivoire", disait le Premier Ministre, Ministre de la Planification du développement, Pascal Affi N'Guessan qui a ajouté : "Ils veulent absolument contrôler le commerce du cacao et du café qui est très lucratif. Combien vont-ils tuer pour satisfaire leur gourmandise ?" La Côte d'Ivoire est le plus grand producteur de cacao dans le monde.

Le mandat accordé aux Français par les Nations-Unies expire le 2 juillet 2003. C'est sûrement avec beaucoup d'intérêt que chacun constatera que le mandat des Nations-Unies n'est pas renouvelé. Si les Etats-Unis et le Royaume-Uni veulent vraiment gagner la confiance et l'estime des nations francophones (exemple, la Guinée et le Cameroun) pour leurs politiques, ils doivent montrer qu'ils ont la volonté de les soutenir en s'opposant aux intrigues françaises. Refuser à la France une seconde résolution serait une étape positive.

Par Gary K. Bush
Source : ocnus.net du 13 mars 2003
Traduit de l'anglais par Affoué Konan (Stagiaire à *Notre Voie*).

# Pour mémoire

# Linas-Marcoussis ou le coup d'Etat constitutionnel

1) A l'invitation du Président de la République française, une Table Ronde des forces politiques ivoiriennes s'est réunie à Linas-Marcoussis du 15 au 23 janvier 2003. Elle a rassemblé les parties suivantes : FPI, MFA, MJP, MPCI, MPIGO, PDCI-RDA, PIT, RDR, UDCY, UDPCI. Les travaux ont été présidés par M. Pierre MAZEAUD, assisté du juge Keba Mbaye et de l'ancien Premier ministre Seydou Diarra et de facilitateurs désignés par l'ONU, l'Union Africaine et la CEDEAO.

Chaque délégation a analysé la situation de la Côte d'Ivoire et fait des propositions de nature à rétablir la confiance et à sortir de la crise. Les délégations ont fait preuve de hauteur de vue pour permettre à la Table Ronde de rapprocher les positions et d'aboutir au consensus suivant dont tous les éléments -principes et annexes- ont valeur égale :

2) La Table Ronde se félicite de la cessation des hostilités rendue possible et garantie par le déploiement des forces de la CEDEAO, soutenues par les forces françaises et elle en exige le strict respect. Elle appelle toutes les parties à faire immédiatement cesser toute exaction et consacrer la paix. Elle demande la libération immédiate de tous les prisonniers politiques.

3) La Table Ronde réaffirme la nécessité de préserver l'intégrité territoriale de la Côte d'Ivoire, le respect de ses institutions et de restaurer l'autorité de l'Etat. Elle rappelle son attachement au principe de l'accession au pouvoir et de son exercice de façon démocratique. Elle convient à cet effet des dispositions suivantes :

a- Un gouvernement de réconciliation nationale sera mis en place dès après la clôture de la Conférence de Paris pour assurer le retour à la paix et à la stabilité. Il sera chargé du renforcement de l'indépendance de la justice, de la restauration de l'administration et des services publics, et du redressement du pays. Il appliquera le programme de la Table Ronde qui figure en annexe et qui comporte notamment des dispositions dans les domaines constitutionnel, législatif et réglementaire.

b- Il préparera les échéances électorales aux fins d'avoir des élections crédibles et transparentes et en fixera les dates.

c- Le gouvernement de réconciliation nationale sera dirigé par un Premier ministre de consensus qui restera en place jusqu'à la prochaine élection présidentielle à laquelle il ne pourra se présenter.

d- Ce gouvernement sera composé de représentants désignés par chacune des délégations ivoiriennes ayant participé à la Table Ronde. L'attribution des ministères sera faite de manière équilibrée entre les parties pendant toute la durée du gouvernement.

e- Il disposera, pour l'accomplissement de sa mission, des prérogatives de l'exécutif en application des délégations prévues par la Constitution. Les partis politiques représentés à l'Assemblée Nationale et qui ont participé à la Table Ronde s'engagent à garantir le soutien de leurs députés à la mise en œuvre du programme gouvernemental.

f- Le gouvernement de réconciliation nationale s'attachera dès sa prise de fonctions à refonder une armée attachée aux valeurs d'intégrité et de moralité républicaine. Il procédera à la restructuration des forces de défense et de sécurité et pourra bénéficier, à cet effet, de l'avis de conseillers extérieurs et en particulier de l'assistance offerte par la France.

g- Afin de contribuer à rétablir la sécurité des personnes et des biens sur l'ensemble du territoire national, le gouvernement de réconciliation nationale organisera le regroupement des forces en présence puis leur désarmement. Il s'assurera qu'aucun mercenaire ne séjourne plus sur le territoire national.

h- Le gouvernement de réconciliation nationale recherchera le concours de la CEDEAO, de la France et des Nations Unies pour convenir de la garantie de ces opérations par leurs propres forces.

i- Le gouvernement de réconciliation nationale prendra les mesures nécessaires pour la libération et l'amnistie de tous les militaires détenus pour atteinte à la sûreté de l'Etat et fera bénéficier de la même mesure les soldats exilés.

4) La Table Ronde décide de la mise en place d'un comité de suivi de l'application des accords de Paris sur la Côte d'Ivoire chargé d'assurer le respect des engagements pris. Ce comité saisira les instances nationales, régionales et internationales de tous les cas d'obstruction ou de défaillance dans la mise en œuvre des accords afin que les mesures de redressement appropriées soient prises.

La Table Ronde recommande à la Conférence des Chefs d'Etat que le comité de suivi soit établi à Abidjan et composé des représentants des pays et des organisations appelés à garantir l'exécution des accords de Paris, notamment :

- le représentant de l'Union Européenne,

- le représentant de la Commission de l'Union africaine
- le représentant du Secrétariat Exécutif de la CEDEAO,
- le représentant spécial du Secrétaire Général qui coordonnera les organes de la famille des Nations Unies,
- le représentant de l'Organisation Internationale de la Francophonie,
- les représentants du FMI et de la Banque Mondiale
- un représentant des pays du G8
- le représentant de la France

5) La Table Ronde invite le Gouvernement français, la CEDEAO et la communauté internationale à veiller à la sécurité des personnalités ayant participé à ses travaux et si nécessaire à celle des membres du gouvernement de réconciliation nationale tant que ce dernier ne sera pas à même d'assurer pleinement cette mission.

6) La Table Ronde rend hommage à la médiation exercée par la CEDEAO et aux efforts de l'Union Africaine et de l'ONU, et remercie la France pour son rôle dans l'organisation de cette réunion et l'aboutissement du présent consensus.

A Linas-Marcoussis, le 24 janvier 2003
POUR LE FPI : Pascal AFFI N'GUESSAN
POUR LE MFA : Innocent KOBENA ANAKY
POUR LE MJP : Gaspard DELI
POUR LE MPCI : Guillaume SORO
POUR LE MPIGO : Félix DOH
POUR LE PCI-RDA : Henri KONAN BEDIE
POUR LE PIT : Francis WODIE
POUR LE RDR : Alassane Dramane OUATTARA
POUR L'UDCY: Théodore MEL EG
POUR L'UDPCI: Paul AKO
LE PRESIDENT: Pierre MAZEAUD
ANNEXE

## PROGRAMME DU GOUVERNEMENT DE RECONCILIATION

I- Nationalité, identité, condition des étrangers

1) La Table Ronde estime que la loi 61-415 du 14 décembre 1961 portant code de la nationalité ivoirienne modifiée par la loi 72-852 du 21 décembre 1972, fondée sur une complémentarité entre le droit du sang et le droit du sol, et qui comporte des dispositions ouvertes en matière de naturalisation par un acte des pouvoirs publics, constitue un texte libéral et bien rédigé.

La Table Ronde considère en revanche que l'application de la loi soulève de nombreuses difficultés, soit du fait de l'ignorance des populations, soit du fait de pratiques administratives et des forces de l'ordre et de sécurité contraires au droit et au respect des personnes.

La Table Ronde a constaté une difficulté juridique certaine à appliquer les articles 6 et 7 du code de la nationalité. Cette difficulté est aggravée par le fait que, dans la pratique, le certificat de nationalité n'est valable que pendant 3 mois et que, l'impétrant doit chaque fois faire la preuve de sa nationalité en produisant certaines pièces. Toutefois, le code a été appliqué jusqu'à maintenant.

En conséquence, le gouvernement de réconciliation nationale :

- a. relancera immédiatement les procédures de naturalisation existantes en recourant à une meilleure information et le cas échéant à des projets de coopération mis en œuvre avec le soutien des partenaires de développement internationaux;

- b. déposera, à titre exceptionnel, dans un délai de six mois, un projet de loi de naturalisation visant à régler de façon simple et accessible des situations aujourd'hui bloquées et renvoyées au droit commun (notamment cas des anciens bénéficiaires des articles 17 à 23 de la loi

61-415 abrogés par la loi 72-852, et des personnes résidant en Côte d'Ivoire avant le 7 août 1960 et n'ayant pas exercé leur droit d'option dans les délais prescrits), et à compléter le texte existant par l'intégration à l'article 12 nouveau des hommes étrangers mariés à des Ivoiriennes.

2) Pour faire face à l'incertitude et à la lenteur des processus d'identification ainsi qu'aux dérives auxquelles les contrôles de sécurité peuvent donner lieu, le gouvernement de réconciliation nationale développera de nouvelles actions en matière d'état civil et d'identification, notamment:

- a. La suspension du processus d'identification en cours en attendant la prise des décrets d'application de la loi et la mise en place, dans les meilleurs délais, d'une commission nationale d'identification dirigée par un magistrat et composée des représentants des partis politiques chargés de superviser et de contrôler l'Office national d'identification.

- b. La stricte conformité de la loi sur l'identification au code de la nationalité en ce qui concerne la preuve de la nationalité.

3) La Table Ronde, en constatant que le grand nombre d'étrangers présents en Côte d'ivoire a largement contribué à la richesse nationale et aidé à conférer à la Côte d'ivoire une place et une responsabilité particulières dans la sous-région, ce qui a bénéficié également aux pays dont sont originaires ces étrangers, considère que les tracasseries administratives et des forces de l'ordre et de sécurité souvent contraires au droit et au respect des personnes dont les étrangers sont notamment victimes peuvent provenir du dévoiement des dispositions d'identification.

- a. Le gouvernement de réconciliation nationale devra donc supprimer immédiatement les cartes de séjour prévues à l'article 8 alinéa 2 de la loi 2002-03 du 3 janvier 2002 pour les étrangers originaires de la CEDEAO et fondera le nécessaire contrôle de l'immigration sur des moyens d'identification non susceptibles de détournement.

- b. De plus, le gouvernement de réconciliation nationale étudiera toute disposition législative et réglementaire tendant à améliorer la condition des étrangers et la protection de leurs biens et de leurs personnes.

- c. La Table Ronde demande par ailleurs à tous les Etats membres de la CEDEAO de ratifier dans les meilleurs délais les protocoles existants relatifs à la libre circulation des personnes et des biens, de pratiquer une coopération renforcée dans la maîtrise des flux migratoires, de respecter les droits fondamentaux des immigrants et de diversifier les pôles de développement. Ces actions pourront être mises en œuvre avec le soutien des partenaires de développement internationaux.

**II- Régime électoral**

1) La Table Ronde estime que la loi 2000-514 du 1er août 2000 portant Code électoral ne soulève pas de difficultés et s'inscrit dans le cadre d'un processus d'amélioration des textes et que la loi 2001-634 du 9 janvier 2001 portant création de la Commission Electorale Indépendante constitue un progrès significatif pour l'organisation d'élections transparentes.

2) Le gouvernement de réconciliation nationale:

- a. assurera l'impartialité des mesures d'identification et d'établissement des fichiers électoraux ;
- b. proposera plusieurs amendements à la loi 2001-634 dans le sens d'une meilleure représentation des parties prenantes à la Table Ronde au sein de la commission centrale de la Commission Electorale Indépendante, y compris au sein du bureau ;

- c. déposera dans un délai de 6 mois un projet de loi relatif au statut de l'opposition et au financement public des partis politiques et des campagnes électorales ;
- d. déposera dans le délai d'un an un projet de loi en matière d'enrichissement illicite et organisera de manière effective le contrôle des déclarations de patrimoine des personnalités élues;
- e. prendra toute mesure permettant d'assurer l'indépendance de la justice et l'impartialité des médias, tant en matière de contentieux électoral que de propagande électorale.

## III- Éligibilité à la Présidence de la République

1) La Table Ronde considère que l'article 35 de la Constitution relatif à l'élection du Président de la République doit éviter de se référer à des concepts dépourvus de valeur juridique ou relevant de textes législatifs. Le gouvernement de réconciliation nationale proposera donc que les conditions d'éligibilité du Président de la République soient ainsi fixées :

Le Président de la République est élu pour cinq ans au suffrage universel direct. Il n'est rééligible qu'une fois.

Le candidat doit jouir de ses droits civils et politiques et être âgé de trente-cinq ans au moins. Il doit être exclusivement de nationalité ivoirienne né de père ou de mère Ivoiriens d'origine.

2) Le Code de la nationalité sera amendé, par l'adjonction aux conditions de perte de la nationalité ivoirienne édictées par son article 53, des mots suivants : exerçant des fonctions électives ou gouvernementales dans un pays étranger.

3) Le Président de la République rendra public chaque année son bulletin de santé.

## IV- Régime foncier

1) La Table Ronde estime que la loi 98-750 du 23 décembre 1998 relative au domaine foncier rural votée à l'unanimité par l'Assemblée nationale constitue un texte de référence dans un domaine juridiquement délicat et économiquement crucial.

2) Cependant, le gouvernement de réconciliation nationale :

- a. accompagnera la mise en œuvre progressive de ce texte d'une campagne d'explication auprès des populations rurales de manière à aller effectivement dans le sens d'une véritable sécurisation foncière.

- b. proposera un amendement dans le sens d'une meilleure protection des droits acquis par les dispositions de l'article 26 de la loi relative aux héritiers des propriétaires de terre détenteurs de droits antérieurs à la promulgation de la loi mais ne remplissant pas les conditions d'accès à la propriété fixées par son article

## 1. V- Médias

1) La Table Ronde condamne les incitations à la haine et à la xénophobie qui ont été propagées par certains médias.

2) Le gouvernement de réconciliation nationale reprendra dans le délai d'un an l'économie générale du régime de la presse de manière à renforcer le rôle des autorités de régulation, à garantir la neutralité et l'impartialité du service public et à favoriser l'indépendance financière des médias. Ces mesures

pourront bénéficier du soutien des partenaires de développement internationaux.

3) Le gouvernement de réconciliation nationale rétablira immédiatement la libre émission des médias radiophoniques et télévisés internationaux.

## VI- Droits et libertés de la Personne humaine

1) Le gouvernement de réconciliation nationale créera immédiatement une Commission nationale des droits de l'Homme qui veillera à la protection des droits et libertés en Côte d'Ivoire. La Commission sera composée des délégués de toutes les parties et présidée par une personnalité acceptée par tous.

2) Le gouvernement de réconciliation nationale demandera la création d'une commission internationale qui diligentera des enquêtes et établira les faits sur toute l'étendue du territoire national afin de recenser les cas de violation grave des droits de l'Homme et du droit international humanitaire depuis le 19 septembre 2002.

3) Sur le rapport de la Commission internationale d'enquête, le gouvernement de réconciliation nationale déterminera ce qui doit être porté devant la justice pour faire cesser l'impunité. Condamnant particulièrement les actions des escadrons de la mort et de leurs commanditaires ainsi que les auteurs d'exécutions sommaires sur l'ensemble du territoire, la Table Ronde estime que les auteurs et complices de ces activités devront être traduits devant la justice pénale internationale.

4) Le gouvernement de réconciliation nationale s'engagera à faciliter les opérations humanitaires en faveur des toutes les victimes du conflit sur l'ensemble du territoire national. Sur la base du rapport de la

Commission nationale des droits de l'Homme, il prendra des mesures d'indemnisation et de réhabilitation des victimes.

## VII - Regroupement, Désarmement, Démobilisation

1) Dès sa prise de fonctions, le gouvernement de réconciliation nationale entreprendra le processus de regroupement concomitant des forces en présence sous le contrôle des forces de la CEDEAO et des forces françaises.

2) Dans une seconde phase il déterminera les mesures de désarmement et de démobilisation, qui seront également menées sous le contrôle des forces de la CEDEAO et des forces françaises.

3) L'ensemble des recrues enrôlées depuis le 19 septembre seront immédiatement démobilisées.

4) Le gouvernement de réconciliation nationale assurera la réinsertion sociale des militaires de toutes origines avec l'appui de programmes de type Désarmement Démobilisation Rapatriement Réinstallation Réinsertion (DDRRR) susceptibles d'être mis en œuvre avec l'appui des partenaires de développement internationaux.

5) Le gouvernement de réconciliation nationale prendra les mesures nécessaires pour la libération et l'amnistie de tous les militaires détenus pour atteinte à la sûreté de l'Etat et fera bénéficier de la même mesure les soldats exilés. La loi d'amnistie n'exonérera en aucun cas les auteurs d'infractions économiques graves et de violations graves des droits de l'homme et du droit international humanitaire.

6) Le gouvernement de réconciliation nationale procédera à un audit de ses forces armées et devra

déterminer dans un contexte économique difficile le niveau des sacrifices qu'il pourra consentir pour assurer ses obligations en matière de défense nationale. Il réalisera sur ces bases la restructuration des forces armées et demandera à cette fin des aides extérieures.

## VIII- Redressement économique et nécessité de la cohésion sociale

1) Le gouvernement de réconciliation nationale rétablira la libre circulation des personnes et des biens sur tout le territoire national et facilitera la reprise des activités scolaires, administratives, économiques et sociales.
2) Il préparera dans un bref délai un plan de reconstruction et de développement des infrastructures et de relance de l'économie nationale, et de renforcement de la cohésion sociale.
3) La Table Ronde recommande aux institutions internationales et aux partenaires de développement internationaux d'apporter leur concours au processus de redressement de la Côte d'Ivoire.

## IX- Mise en œuvre

Le gouvernement de réconciliation nationale veillera à ce que les réformes constitutionnelles, législatives et réglementaires que nécessitent les décisions qu'il sera appelé à prendre interviennent dans les meilleurs délais.

# Pour la compréhension
# Pourquoi les Ivoiriens rejettent Marcoussis

## Introduction

Le présent mémorandum, qui ne constitue pas l'acte introductif de l'instance suprême, a seulement pour objet de fixer le cadre et les arguments d'une saisine de la Haute Juridiction aux fins d'annulation des accords de Linas-Marcoussis pour violation de la constitution.

Ce mémorandum va donner l'occasion d'examiner successivement le contexte de la rencontre de Linas-Marcoussis, les accords proprement dits à l'épreuve de la constitution ivoirienne, en passant par un examen de la qualité ou plutôt de la capacité juridique des parties à ces accords, pour ensuite examiner quelques points du programme de gouvernement annexé auxdits accords.

La rédaction de l'acte de saisine, dans un langage plus approprié et soutenu par des références textuelles, pourrait être le prochain volet de ce processus qui entre dans le cadre global de l'organisation de la résistance contre le complot ourdi contre la Côte d'Ivoire.

I./ Du contexte des accords de Linas-Marcoussis

Dans la nuit du 18 au 19 septembre 2002, une tentative de coup d'état par des moyens d'attaques armées endeuille la Côte d'Ivoire puis échoue pour se muer aussitôt en une rébellion armée contre le pouvoir à Abidjan, que revendique depuis les villes de Bouaké et

Korhogo, occupées, un mouvement se disant "Mouvement Patriotique de Côte d'Ivoire", en abrégé M.P.C.I.

La Communauté Economique des Etats de l'Afrique de l'Ouest dite CEDEAO, dont l'Etat de Côte d'Ivoire est membre, entreprend d'intervenir entre les parties.

Lors de sa réunion extraordinaire des Chefs d'Etats, convoquée à Accra, elle adopte en treize points des décisions tendant à la résolution de la crise ivoirienne.

En application de l'une d'elles, elle engage des négociations avec la rébellion et obtient, après un premier échec, la signature d'un accord de cessation des hostilités avec les rebelles, accord dont l'Etat de Côte d'Ivoire n'est partie prenante qu'indirectement en raison de la part qu'elle a dans la CEDEAO.

Suit alors un processus de négociations entre les parties au conflit, le gouvernement de la République de Côte d'Ivoire et la rébellion sous l'égide du coordonnateur du groupe de contact de haut niveau constitué par la CEDEAO, à Lomé.

Des accords sont signés, consacrant le respect des institutions et de la légalité constitutionnelle.

Le deuxième round des négociations, qui devait de l'avis des observateurs sceller la paix, donne lieu à un constat d'échec.

Dans l'intervalle, deux mouvements rebelles ouvrent un front de combats à l'ouest de la Côte d'Ivoire où les villes de Man, Bangolo, Danané, etc sont occupées à leur tour.

La France, qui a déployé des forces militaires en vue d'abord de protéger ses ressortissants, s'occupe désormais de la sécurisation de l'accord de cessation des hostilités signé entre la première rébellion et la CEDEAO.

Elle entreprend ensuite de s'investir dans le règlement du conflit et invite les partis politiques ivoiriens dits significatifs et les mouvements de rebelles toujours en armes et continuant d'occuper les villes sus-mentionnées, à Paris à une Table ronde des forces politiques ivoiriennes fixée du 15 au 23 janvier 2003.

C'est cette Table ronde qui s'est effectivement tenue et qui a donné lieu à des accords qu'il nous plaît d'examiner ici.

II./ Des parties à la Table ronde de Paris (Linas-Marcoussis)

A - De la présence de partis politiques ivoiriens à la Table ronde de Paris...

La Table ronde de Paris, à l'invitation de la République française, a rassemblé au titre des forces politiques ivoiriennes, ainsi que cela ressort clairement de l'énoncé du point 1 desdits accords tels que rapportés par la presse nationale dans son ensemble les Partis suivants : FPI, MFA, MJP, MPCI, MPIGO, PDCI-RDA, PIT, RDR, UDCY, UDPCI.

Si l'usage des termes "forces politiques" pour désigner les parties ivoiriennes se comprend bien d'un point de vue strictement politique, il n'en va pas de même lorsque l'on veut leur attribuer le nom de parties à une négociation, laquelle négociation devant aboutir à la conclusion d'un accord ayant des effets juridiques.

En effet, s'il est admis que les partis politiques présents à la Table ronde de Paris tels que le FPI, le MFA, le PDCI-RDA, le PIT, le RDR, l'UDCY et l'UDPCI, sont dotés par les lois en vigueur en République de Côte d'Ivoire, de la personnalité juridique et donc ayant la capacité de conclure des accords, la preuve n'est pas faite de la régularité formelle de la constitution des mouvements rebelles que sont le MJP, le MPCI, et le MPIGO.

Dès lors, à moins de rapporter la preuve de la régularité formelle de la constitution de ses entités politiques, à tout le moins, pour le temps ayant couru avant la signature des accords litigieux, ceux-ci sont nuls et de nul effet pour incapacité de ces mouvements à conclure un accord qui n'est rien d'autre qu'un contrat.

B – ... à l'absence de l'Etat de Côte d'Ivoire

La crise ivoirienne, puisqu'il faut l'appeler ainsi, donne à voir deux antagonistes sur le terrain, à savoir l'Etat de Côte d'Ivoire et les différents mouvements rebelles dont le but tendait au renversement des institutions de cet Etat.

Si la médiation africaine de la CEDEAO a bien intégré cette donne et mis aux prises, lors des négociations entreprises sous son égide, à la suite de la signature du premier accord de cessation des hostilités, l'Etat de Côte d'Ivoire représenté par une délégation gouvernementale mandatée à cet effet et la rébellion, il n'en a pas été ainsi de la médiation française.

A la Table ronde de Paris, l'Etat de Côte d'Ivoire (et partant le Gouvernement de Côte d'Ivoire) n'était pas représenté, pour la seule et suffisante raison qu'il n'a pas été convié à cette rencontre qui tendait cependant à résoudre un conflit qui l'opposait à des mouvements rebelles.

Il manquait donc à cette Table ronde l'une des parties au conflit, que n'ont pu valablement représenter ni le représentant du F.P.I. bien que Premier Ministre (parce présent en sa seule et unique qualité de Président de parti - le F.P.I. - qui a été invité), ni l'ensemble des parties politiques ivoiriens, lesquels bien que régulièrement constitués et comptant des représentants dans les différentes institutions ivoiriennes n'avaient nulle qualité constitutionnelle à représenter l'Etat de Côte d'Ivoire.

La constitution ivoirienne comme toutes les constitutions au monde reconnaît seulement aux parties le droit de concourir au suffrage du peuple.

Quelle valeur juridique pourrait avoir un accord tendant à régler un conflit, conclu hors la présence de l'une des parties à ce conflit ?

Mieux : en quoi un tel accord peut-il être opposable à l'Etat de Côte d'Ivoire ?

III./ Les conclusions de la Table ronde de Paris à l'épreuve de la constitution ivoirienne

A – De la nature juridique des conclusions de la Table ronde de Paris.

L'examen de ce point révèle le paradoxe de la Table ronde de Paris.

Présentée comme un forum des forces politiques ivoiriennes au cours duquel chaque partie devait faire des propositions de nature à rétablir la confiance et à sortir de la crise, la Table ronde de Paris a abouti à la conclusion de ce qu'il est désormais convenu d'appeler les accords de Linas-Marcoussis, ayant valeur juridique et opposables aux Ivoiriens, là où ceux-ci étaient en droit de s'attendre à un chapelet de propositions de règlement de la crise.

En effet, aussi significatives que pourraient être les parties ivoiriennes présentes à Paris, elles n'avaient, comme déjà indiqué plus haut, pour les unes, nulle qualité à agir de la sorte sans violer la constitution ivoirienne, en ce que selon celle-ci les partis politiques concourent seulement à la formation du suffrage et, pour les autres, nulle capacité à décider pour le peuple de Côte d'Ivoire en ce qu'elles n'ont aucune existence légale et aucune capacité juridique, le tout combiné avec le défaut de qualité des premières.

Cela dit, en réunissant à Paris des personnes morales dépourvues de qualité, de capacité et de mandat à agir au nom et pour le compte du peuple de Côte d'Ivoire et/ou au nom et pour le compte de l'Etat de Côte d'Ivoire, les résultats de la Table ronde de Paris ne peuvent, d'un strict point de vue juridique, constituer des accords au sens noble du terme.

A tout le moins et au nom du respect dû aux hautes personnalités de l'espace politique ivoirien présentes à ses assises, pourrait-on considérer les résultats de la Table ronde de Paris comme des propositions de règlement de la crise ivoirienne de cette classe politique.

En tant que tels, ces résultats restaient à être soumis à l'Etat de Côte d'Ivoire pour appréciation, puis aux Ivoiriens.

Mieux, ces résultats devaient être soumis à l'épreuve de la constitution ivoirienne par la saisine de la Cour Suprême de Côte d'Ivoire qui, seule, même après un début d'exécution devrait en dernier ressort se prononcer sur leur validité constitutionnelle et, partant, autoriser le Chef de l'Exécutif ivoirien à les appliquer ou le dissuader de le faire et dès lors annuler toute décision antérieure y afférente.

B – De la violation de la constitution par les accords de la Table ronde de Paris

Les accords de la Table ronde de Paris comportent des principes et annexes dont il est expressément indiqué qu'ils ont valeur égale.

Il est bon de noter ici, d'une part, que le rédacteur desdits accords ne dit pas que les principes et annexes ont la même valeur juridique, mais simplement qu'ils ont valeur égale (le souci certainement prémonitoire de reconnaître l'absence de valeur juridique à ces textes pour les motifs déjà évoqués plus haut et bien connus, il ne faut pas en douter, des facilitateurs français et autres) et d'autre part, que le texte indique bien qu'il s'agit de principes.

Par ailleurs, se pose la question de savoir quel pourrait être le sort du programme de gouvernement de réconciliation faisant l'objet de l'annexe aux accords de la Table ronde de Paris si la nullité des accords au regard de la constitution était consacrée.

Les rédacteurs n'ayant pas prévu une indépendance de vie entre les deux éléments composant les résultats de la Table ronde de Paris (laquelle, il faut bien le croire, n'a pas songé à une possible saisine de la juridiction suprême ivoirienne, à l'effet d'examiner sa validité constitutionnelle), il faut retenir que la nullité de l'accord l'emporte sur celle de son annexe.

Examen des points des accords de principe
Le point 1 (voir les analyses du chapitre II) .
Le point 2
Ce point consacre la nature de simples propositions, des principes de la Table ronde de Paris.

En effet, les parties ne s'engagent pas, ce qui se comprendrait dans le cadre d'un accord, à faire immédiatement cesser toute exaction et consacrer la paix et à libérer tous les prisonniers politiques ; ici au contraire, c'est la Table ronde, comme un forum d'idées, qui le recommande.

Il faut comprendre qu'il ne pouvait en être autrement, puisque, comme déjà énoncé, l'une des parties au conflit armé, la partie agressée, en l'occurrence l'Etat de Côte d'Ivoire, n'était pas conviée aux assises de Paris et les partis politiques présents ne pouvaient tout naturellement s'engager en ses lieu et place.

Le point 3
Ce point, regardé comme le plus capital des accords, commence par réaffirmer, je cite : « la nécessité de préserver l'intégrité territoriale de la Côte d'Ivoire, le

respect de ses institutions et de restaurer l'autorité de l'Etat », pour ensuite rappeler « son attachement au principe de l'accession au pouvoir et de son exercice de façon démocratique », pour convenir enfin de huit dispositions dont l'analyse achève de convaincre de la violation de la constitution.

Avant d'en arriver à cette analyse, il ne sera pas inutile de revenir sur la construction de ce point 3.

La Table ronde pose des principes admis, est-il dit, par tous les participants.

A partir de l'admission de ces principes, l'on aurait pu être légitimement en droit de s'attendre non seulement à la condamnation des actions rebelles, mais aussi à l'engagement de ces derniers, d'une part, à libérer les territoires occupés illégalement, pour affirmer le principe de préservation de l'intégrité territoriale lui-même contenu dans la constitution, d'autre part, à respecter les institutions de l'Etat, acte tout aussi constitutionnel et de portée civique et encore, à manifester légalement, partant, par les voies prévues par la constitution, leur volonté d'accéder au pouvoir d'état, en lieu et place de la voie des armes.

Au lieu de cela, la Table ronde de Paris a convenu de consacrer le non respect des institutions, l'occupation illégale du territoire par des mouvements rebelles et l'accession au pouvoir d'état par la force des armes.

Il s'ensuit une flagrante violation de la constitution ivoirienne par ce point 3 des conclusions de la Table ronde de Paris, en ses dispositions qui seront rappelées ci-après.

- la formation d'un gouvernement dit de réconciliation nationale et sa composition.

S'il peut être admis que des partis politiques en conflit ou non, conviennent de la formation d'un gouvernement à la veille d'échéances électorales comme il en a été en 2000, sous la transition militaire, la question se pose de savoir si des partis politiques d'un Etat en conflit armé, l'opposant à une rébellion, peuvent avec cette rébellion convenir de la formation d'un gouvernement, hors la présence des représentants de l'Etat concerné, et faire prospérer cette convention.

Mieux, l'admission, par toutes les parties aux assises de Paris, même hors la présence des représentants de l'Etat concerné, du respect des institutions de l'Etat et partant du gouvernement de cet Etat peut-elle emporter, sans en même temps violer le principe constitutionnel du respect des institutions, la formation d'un nouveau gouvernement en lieu et place de celui dont le respect est admis.

Ici, il faut répondre que seul l'Etat ou sa représentation est juge de l'opportunité d'accepter ou non la formation d'un tel gouvernement.

A côté de l'affirmation du principe du respect des institutions de l'Etat, au nombre desquelles l'on compte le gouvernement, seule une recommandation aurait été acceptable sans violer la constitution, à charge pour le Chef de l'Exécutif d'y faire droit ou non.

L'engagement de mettre en place un nouveau gouvernement alors que l'on affirme le respect de celui déjà en fonction, en tant qu'institution, est de notre point de vue une violation de la constitution.

Le gouvernement de réconciliation de la Table ronde de Paris est à la vérité un gouvernement de transition et ne peut être compris qu'ainsi tant les missions qui lui sont assignées tranchent avec celles qui ont fait l'objet d'un programme de gouvernement adopté par les électeurs ivoiriens en 2000 et dont ils attendent l'exécution tout au long du mandat en cours.

Les missions assignées à ce gouvernement ne peuvent avoir meilleur sort que ce gouvernement lui-même ; elles feront l'objet d'analyse dans le cadre de l'examen de l'annexe.

Sur la composition du gouvernement, la Table ronde de Paris convient que le gouvernement sera composé de représentants désignés par chacune des délégations ivoiriennes ayant participé à la Table ronde, avec une attribution équilibrée des portefeuilles ministériels.

Ce faisant, la Table ronde de Paris viole la constitution doublement et, avec la constitution, elle viole les droits constitutionnels élémentaires de tout ivoirien à prendre part à la vie politique de son pays en dehors de toute formation politique et encourage le recours des Ivoiriens à la rébellion armée pour accéder aux fonctions étatiques, créant ainsi au contraire de la paix qu'elle voulait voir instaurée un climat d'instabilité permanente.

En effet, la désignation des membres du gouvernement est l'affaire, au terme de la constitution ivoirienne, du Président de la République.

En indiquant que le gouvernement sera composé de représentants désignés par les délégations ivoiriennes ayant participé à la Table ronde de Paris, celle-ci (et ce n'est pas le moindre mal) enlève au Président de la République cette prérogative constitutionnelle pour la transmettre à des formations politiques et à des mouvements rebelles (comme analysés plus haut), le tout manifestant une flagrante violation de la constitution.

Ainsi les ministres ne seraient plus désignés par le Président de la République qui ne pourra pas non plus mettre fin à leurs fonctions.

Mieux, la Table ronde de Paris limite les choix du Président de la République.

En limitant aux représentants des délégations ivoiriennes ayant participé à la Table ronde de Paris le droit de prendre part à un gouvernement de la République de Côte d'Ivoire, la Table ronde de Paris viole les droits politiques de l'ensemble des Ivoiriens absents à ses assises, pourtant constitutionnellement admis, en ce qu'elle les écarte de la gestion des affaires publiques.

Ce faisant, la Table ronde de Paris organise l'exclusion de millions d'Ivoiriens de la gestion des affaires publiques, là où elle avait vocation à rechercher des solutions à un conflit armé qui serait, dit-on, né entre autres d'une exclusion jusqu'ici mal définie par ailleurs.

- la désignation d'un Premier ministre

La Table ronde de Paris a convenu que le gouvernement de réconciliation sera dirigé par un Premier ministre qui restera en place jusqu'à la prochaine élection présidentielle et disposera des prérogatives de l'exécutif.

La Table ronde a d'abord omis de déterminer le mode de désignation de ce Premier ministre ou l'a simplement ignoré sachant que la constitution ivoirienne prévoit bien le mode de désignation de ce dernier.

Il faut croire qu'il s'agit d'une manœuvre consciente du rédacteur des accords qui n'a pas voulu faire référence à la constitution sur le mode de désignation, parce que celui-ci emporte également le mode de cessation des fonctions du Premier ministre.

Subtilement, le rédacteur a inscrit que le Premier ministre restera en place jusqu'à la prochaine élection présidentielle.

Ce faisant, le Premier ministre de la Table ronde de Paris est inamovible, ce qui est totalement contraire à la constitution ivoirienne au terme de laquelle le Président de la République qui le désigne peut mettre fin à ses fonctions.

Par ailleurs, le Premier ministre de la Table ronde de Paris disposera des prérogatives de l'exécutif en application des délégations prévues par la constitution.

Ici encore, le rédacteur des accords a eu le souci de se cacher de la constitution qu'il a entendu simplement violer.

En indiquant que le Premier ministre disposera des prérogatives de l'exécutif en application des délégations prévues par la constitution, il donne l'impression de vouloir se conformer à la constitution.

Or si tel était son vœu, il n'avait nul besoin de l'indiquer puisque, aussi bien, le Premier ministre a toujours vocation, au terme de la constitution ivoirienne, à agir par délégation de pouvoirs du Président de la République.

A la vérité, la Table ronde de Paris a entendu dépouiller le Président de la République de ses pouvoirs pour les transmettre au Premier ministre de ladite Table ronde.

Ainsi, d'une part, ce transfert total de pouvoirs peut s'analyser du point de vue du Président de la République en une désormais incapacité d'exercer ses fonctions constitutionnelles.

De la sorte, faisant jouer le mécanisme constitutionnel prévu à cet effet, le Président de l'Assemblée Nationale devrait être appelé à assurer l'intérim des fonctions présidentielles.

D'autre part, la désignation du Premier ministre voulu par la Table ronde de Paris cacherait la désignation d'un autre Président de la République par celui élu par les Ivoiriens, donnant ainsi à la Côte d'Ivoire deux Présidents de la République dont un seul (celui de la Table ronde de Paris) assume réellement les fonctions.

En tout état de cause, la désignation d'un Premier ministre disposant de la réalité et de la totalité du pouvoir exécutif constitutionnellement dévolu au Président de la République constitue une flagrante violation de la constitution ; de même que la coexistence de deux personnalités assumant les fonctions présidentielles même si l'une ne le fait pas dans la réalité, est la manifestation d'une tout aussi flagrante violation de la constitution.

C'est pourquoi, il importe de saisir la Cour Suprême de Côte d'Ivoire pour invalider les accords de Paris, au regard de la constitution de Côte d'Ivoire.

Sur l'annexe portant programme du gouvernement de réconciliation :

Il s'agit d'un programme axé sur neuf chapitres dont seules les quatre premiers feront l'objet de notre analyse en raison de leurs objets.

- Le chapitre premier traite de la nationalité, de l'identité et de la condition des étrangers.

La nature du conflit et les parties en présence telles qu'admises par les organisateurs de la Table ronde de Paris, autorisent à s'interroger sur le point relatif à la condition des étrangers avec ses corollaires exprimés ici en termes de relance immédiate des procédures de naturalisation existantes et le dépôt à titre exceptionnel d'un projet de loi de naturalisation des personnes résidant en Côte d'Ivoire avant le 7 août 1960, etc.

Le conflit ivoirien oppose dit-on des ivoiriens entre eux.

Comment se peut-il que sa résolution passe par l'examen de questions relatives à la condition des étrangers en Côte d'Ivoire.

Qui a intérêt au règlement immédiat de cette question au point que sa résolution soit enfermée dans un délai déterminé de six mois, quand l'identification des Ivoiriens est suspendue et que la reprise de son processus est laissée au libre arbitre du gouvernement de transition ?

En droit commun, il est un principe qui énonce qu'il n'y a pas d'action sans intérêt ; or cet intérêt se prouve pour que l'action entreprise soit comprise et admise juridiquement.

Mieux, il faut avoir la qualité même dans le cours d'une négociation pour présenter une réclamation ou une revendication selon le cas.

Or, il est de notoriété publique que seules des parties ivoiriennes légalement constituées ou non ont débattu aux assises de Paris, les unes ayant vocation à animer légalement le jeu politique ivoirien, les autres y ayant fait irruption par des moyens militaires.

En tout état de cause, aucune d'elles n'a qualité pour agir au nom de quelconques étrangers établis en Côte d'Ivoire et n'a fourni en l'état de nos connaissances des mandats à cet effet.

C'est pourquoi, ces points devront être purement et simplement retirés des propositions tendant à régler le conflit ivoirien, au risque de l'aggraver d'avantage.

Par ailleurs, revenant aux décisions de la Table ronde de Paris, il faut noter que celle-ci s'est totalement fourvoyée en voulant faire produire des effets juridiques à des dispositions législatives abrogées depuis plus de 30 ans.

Que vaut cette décision devant la loi de 1972 ? RIEN !

En outre le choix de l'examen de ces points par la Table ronde de Paris, en même temps que le point 3 achève de convaincre du caractère extérieur de l'agression que connaît la Côte d'Ivoire.

En y souscrivant et en consacrant cette thèse dans un document soumis à l'adoption de parties ivoiriennes, la Table ronde de Paris autorise pour ces motifs l'agression permanente de la Côte d'Ivoire et dès lors met continuellement en danger la vie de ses populations, en même temps qu'elle fait le lit d'une instabilité permanente de l'Etat de Côte d'Ivoire.

Ce faisant, la Côte d'Ivoire est fondée à saisir les organes juridictionnels internationaux et notamment la Cour de Justice de La Haye pour assurer la protection de son territoire et de ses populations contre le permis de déstabiliser la Côte d'Ivoire qui est ainsi délivré à ses voisins par la France.

- Le chapitre III traite de l'éligibilité à la Présidence de la République dans l'article 35 de la constitution

Il faut observer que toutes les parties ivoiriennes présentes aux assises de Paris ont participé au référendum ayant donné lieu à l'adoption de la constitution ivoirienne comportant l'article 35 si décrié.

En proposant la modification de ce texte, dans le cadre d'une rencontre réunissant une partie seulement de l'échiquier politique ivoirien dans un contexte de guerre alors que le texte avait été adopté dans un contexte de liberté politique, la Table ronde viole la constitution qui dispose qu'aucune modification constitutionnelle ne peut intervenir dans les circonstances que nous connaissons.

Mieux en énonçant que l'article 35 doit éviter de se référer à des concepts dépourvus de valeur juridique ou relevant de textes législatifs sans les nommer, le rédacteur des accords de Paris a entendu marcher dans l'obscurité et échapper ainsi à toute critique.

La nouvelle rédaction permet cependant de noter que non seulement le candidat ne doit plus être de père et de mère ivoiriens, mais la condition de résidence a disparu, de même que le principe juridique « ne s'être jamais prévalu d'une autre nationalité » aussi.

Il faut donc croire que c'est tout cela qui constitue les "concepts dépourvus de valeur juridique" ou qui "relèvent de textes législatifs".

Il sera utile de ramener les auteurs de cette rédaction à leur copie et d'indiquer que, ni la couleur de la peau, ni le volume du portefeuille, ne confère plus de connaissance en droit que l'humilité d'une écoute attentive de ses maîtres. La Table ronde de Paris fait en toute parfaite connaissance, l'amalgame entre la nationalité et l'éligibilité à une fonction, ici, celle de Président de la République.

En faisant injonction aux Ivoiriens d'éviter des concepts relevant de textes législatifs, le rédacteur des accords veut indiquer qu'il n'est pas utile de reprendre les termes du code de la nationalité.

Or ici, se porter candidat à l'élection signifie déjà que l'on est soi-même électeur et donc un national et ce, bien évidemment, en vertu du code de la nationalité.

Cependant, les nationaux dans leur ensemble par le jeu du suffrage universel (ici par référendum) décident ensemble et selon le principe démocratique de la majorité, que ceux d'entre eux qui devront assumer telle fonction publique devront en outre remplir telles conditions, toute chose qui a un caractère universel.

La minorité subit jusqu'à ce qu'une nouvelle majorité se dégage.

Le terme "et" est certainement le concept, avec le principe "ne s'être jamais prévalu d'une autre nationalité", qui sont dépourvus de valeur juridique.

La Table ronde de Paris propose en lieu et place du "et" le "ou".

Un débat que les Ivoiriens connaissent bien pour l'avoir pratiqué.

Quand on sait que ces deux termes constituent des conjonctions de coordination, l'on est en droit de se demander si le "ou" a plus de valeur juridique que le "et".

Les ivoiriens ont simplement préféré l'un à l'autre et ce, par le jeu de la majorité.

Les rédacteurs de Paris ont simplement fait preuve de mauvaise foi sur ce sujet et tentent une escroquerie morale au préjudice du peuple sous la menace vaine d'armes de guerre.

Le principe "ne s'être jamais prévalu d'une autre nationalité" est jugé dépourvu de valeur juridique. Cette critique déjà entendue est consacrée par la Table ronde de Paris.

Ce faisant elle a mal jugé et montré à quel point le droit était absent de Linas-Marcoussis, où il s'agissait simplement de faire mordre la poussière aux Ivoiriens qui ont osé...

Les maîtres en droit enseignent au nombre de nombreux principes sacro-saints du droit universellement admis, un principe révélé en latin dont la traduction en français s'énonce comme suit : nul ne peut se prévaloir de sa propre turpitude.

La constitution ivoirienne énonce le principe suivant : ne s'être jamais prévalu d'une autre nationalité.

Si le droit admet que l'on ne peut se prévaloir, pour défendre sa cause, de sa propre turpitude, la constitution ivoirienne quant à elle admet que s'être prévalu d'une autre nationalité que celle ivoirienne est une cause d'élimination à l'élection présidentielle pour des raisons aussi évidentes que celles que la crise actuelle donne à voir.

En quoi la notion ivoirienne serait dépourvue de valeur juridique quand le principe de droit, lui, est par essence une valeur juridique avant même d'en avoir une.

A la vérité, il y a certainement eu tentative d'intimidation et un trafic d'influence exercé sur les débatteurs par les sommités du droit qui assuraient la facilitation, le tout combiné avec une tentative d'escroquerie morale.

Leur analyse étant erronée, elle ne peut fonder une modification aussi importante.

Mieux, cette tentative d'escroquerie a fait appel à des manœuvres frauduleuses, dont la plus significative est la proposition de modification par adjonction, de l'article 53 du code de la nationalité qui traite des conditions de perte de la nationalité ivoirienne.

Il s'agirait d'y adjoindre ce qui suit et je cite : "...exerçant des fonctions électives ou gouvernementales dans un pays étranger".

Ici est pris celui qui croyait prendre ; cette proposition mal examinée par les partis politiques ivoiriens ou certains d'entre eux leur a semblé suffisante pour, en échange, abandonner le principe "ne s'être jamais prévalu d'une autre nationalité", ce qui démontre bien que ce principe n'est pas aussi dépourvu de valeur juridique que l'on voudrait le faire croire.

Bien plus, en proposant une modification du code de la nationalité à cet effet, le rédacteur des accords de Paris poursuit dans sa volonté d'entretenir l'amalgame entre la nationalité et l'éligibilité ; mais il est rattrapé par la vérité puisqu'il s'est pris à proposer cette modification dans le chapitre traitant de l'éligibilité, alors que dans le chapitre premier traitant de la nationalité, il a conclu que le code de nationalité "constitue un texte libéral et bien rédigé" et "... toutefois, le code a été appliqué jusqu'à maintenant" sans proposer une quelconque modification.

En tout état de cause, le national ivoirien, qui occupe des fonctions électives dans un Etat étranger, ne le peut que dans les conditions d'éligibilité de cet Etat.

Si ces conditions exigent, entre autres, la nationalité de cet Etat, il faut donc croire que le national ivoirien a acquis cette nationalité et, au terme du code de la nationalité, il devrait perdre la nationalité ivoirienne. (notons que cette disposition du code de la nationalité ivoirienne n'a jamais été appliquée, de sorte que de nombreux Ivoiriens majeurs ayant acquis la nationalité de pays étrangers sont encore titulaires de la nationalité ivoirienne).

Cela dit, point n'est besoin d'occuper des fonctions électives pour perdre la nationalité ivoirienne et cela il y a fort à parier que les facilitateurs ne l'ignoraient guère.

Les Français ayant occupé des fonctions au plus haut niveau en Côte d'Ivoire au lendemain de l'indépendance sont demeurés français et c'est bien mieux ainsi.

Les nombreux exemples qui ont eu cours en Côte d'Ivoire montrent bien que l'exercice de fonctions gouvernementales ne confère pas la nationalité ivoirienne, de sorte qu'un Ivoirien ayant exercé des fonctions gouvernementales dans un pays étranger ne pourrait se voir, sans violer ses droits constitutionnels, enlever la nationalité ivoirienne pour ce seul fait.

Il résulte de tout ce qui précède sur cette proposition, qu'elle est inopportune, inutile, et de nature à violer les droits élémentaires des Ivoiriens à la possession de leur nationalité.

Cette modification qui est introduite en lieu et à une autre place que le principe "ne s'être jamais prévalu d'une autre nationalité" doit être rejetée comme violant la constitution et le droit constitutionnel des Ivoiriens à la possession de leur nationalité dès lors qu'ils n'en ont pas acquis une autre.

Ce que le principe constitutionnel a voulu solutionner, c'est plutôt le cas de personnes opportunistes changeant de nationalité au gré de leurs intérêts. Ce principe dès lors qu'il est contenu dans un texte de loi (ici c'est la loi fondamentale) a une valeur juridique incontestable.

C'est l'adoption d'un texte par les autorités compétentes pour en faire une loi qui donne la valeur juridique ; ce n'est point la construction grammaticale.

Par ailleurs, les études comparées de textes constitutionnels de nombreux pays africains ayant révélé la similitude de ces textes avec le texte ivoirien critiqué, la proposition de la Table ronde doit être écartée, celle-ci n'ayant nullement été mandatée pour examiner la question de la modification constitutionnelle.

Seul le Président de la République de Côte d'Ivoire peut proposer de soumettre à la révision la constitution, dans les formes et conditions prévues par celle-ci.

En tentant de conférer ce pouvoir au gouvernement de la Table ronde de Paris, celle-ci agit en violation de la constitution.

Cela dit, la Table ronde de Paris ne prévoit pas le cas de non adoption de la modification proposée, ce qui constitue de notre point de vue la limite des pouvoirs exorbitants que la Table ronde de Paris a entendu se donner.

Si le peuple de Côte d'Ivoire refuse la modification proposée, la rédaction actuelle demeurera et c'est bien dans le souci d'éviter une telle déconvenue qu'intervient la Table ronde de Paris, lorsqu'elle fixe un délai de six mois pour la naturalisation d'étrangers vivant en Côte d'Ivoire avant l'indépendance.

La preuve de la collusion entre les facilitateurs et les rébellions qui endeuillent la Côte d'Ivoire est manifeste sur tous les points traités à Paris.

C'est pourquoi, à côté de la saisine de la Cour Suprême et même pendant, ce mémorandum pourrait être enrichi et mieux développé, puis traduit en autant de langues qu'il sera nécessaire (anglais, arabe, espagnol, chinois, etc.) pour une large diffusion dans le cadre d'un plan médiatique conséquent pour révéler la supercherie à l'opinion internationale.

## Eclairage sur les règles du jeu

## L'ONU, la France, les FANCI et la sortie de crise ivoirienne
### Par Antoine Ahua Jr.

## I. L'alerte : le Rapport de l'ONU sur les Droits de l'Homme

Le Secrétaire Général des Nations Unies, SEM Kofi Annan, a transmis au Conseil de Sécurité une lettre datée du 24 janvier 2003, en l'occurrence " la lettre du 9 janvier 2003 du Haut Commissaire aux droits de l'Homme concernant la mission d'établissement des faits dirigée par le Haut Commissaire adjoint, qui s'est rendue en Côte d'Ivoire du 23 au 29 décembre 2002 ".

De quels faits s'agit-il ? D'évènements relatifs aux Droits de l'Homme, étant donné la dénomination de l'organisme missionnaire. Pour en faire quoi ? Prendre des décisions permettant d'assurer la sécurité dans cette partie du monde puisque, comme son nom l'indique, c'est le Conseil de sécurité de l'ONU qui en a pris acte. À quoi s'attendre comme suite ? À ce que l'ONU recoure à ses tribunaux pour juger d'éventuels accusés ivoiriens de crime contre l'Humanité. D'où l'alerte.

Le mystère qui entoure la vie en a fait le plus beau cadeau de l'existence. Face à la mort, l'angoisse est universelle et le combat pour la survie, un droit fondamental. Voilà comment se justifient, à la fois le respect du droit à la vie de l'autre et le droit à la légitime défense de soi même. C'est pourquoi, depuis la fin de la Seconde guerre mondiale, les États tentent d'établir des règles de conduite planétaires, notamment afin de circonscrire les Droits des uns et des autres, et leurs limites. Le hic est qu'il n'existe pas d'unanimité autour de la capacité de l'organisation commune, l'ONU, de rendre justice de façon impartiale et de respecter les vertus qui conditionnent son existence. L'expérience démontre que la vie de millions de personnes s'est jouée au Conseil de sécurité dans la controverse.

C'est dans ce contexte que le Rapport du Haut Commissariat des Nations Unies aux Droits de l'Homme sur la Côte d'Ivoire m'a interpellé et conduit à faire l'analyse scientifique dudit rapport, à découvrir que si la crise ivoirienne avait pu être de l'autorité de la Communauté internationale, donc de l'ONU et de la France, elle ne l'est plus ; à comprendre qu'il ne reste qu'un seul droit évocable : celui des Forces armées nationales ivoiriennes d'affronter les mouvements rebelles et de libérer la République. La crédibilité de ces conclusions justifierait la pertinence de leur prise en compte par le Chef de l'État et les FANCI, ce qui suggère une argumentation pour laquelle je ne peux me défiler.

## II- Le MPCI et l'État ivoirien prônent chacun la légitime défense : qui a raison ?

Quels sont les arguments du MPCI ? Les rebelles proclament vouloir rétablir une justice entachée par : l'article 35 de la Constitution ivoirienne de 2000 parce qu'il restreint l'éligibilité à la présidence de la République ivoirienne à une catégorie d'Ivoiriens ; l'élection de Laurent Gbagbo dans des conditions illégitimes en octobre

2000 ; le code de nationalité et la loi sur le foncier rural, discriminant les Ivoiriens des résidents étrangers.

Pour preuve, de passage au Burkina Faso le 18 février dernier, le Secrétaire général du MPCI, Guillaume Soro, a déclaré : les armes se sont imposées à nous pour essayer de rééquilibrer les choses, pour réimposer la démocratie, la justice et l'égalité.

Quels sont les arguments de l'État ivoirien ? Depuis la nuit du 18 au 19 septembre 2002 : les institutions de la République ont été attaquées par le MPCI, un groupe d'hommes armés et entraînés à l'étranger ; la levée de boucliers contre la tentative du coup d'État, en soutien au gouvernement en place, de la part de nombreux groupes de toutes les couches sociales et politiques du pays, témoigne de la légitimité du régime politique issu de la seconde république.

*Qu'est-ce qu'un cas de légitime défense ?*

D'abord, référons-nous au Code pénal français. Article 122-6 : Est présumé avoir agi en état de légitime défense celui qui a accompli l'acte de :

1- repousser, de nuit, l'entrée par effraction, violence ou ruse dans un lieu habité ;

2- se défendre contre les auteurs d'un acte dirigé vers soi, exécuté avec violence.

L'état de nécessité doit être un état de nécessité véritable et non de simple commodité, il doit placer l'auteur devant un danger immédiat et certain et non hypothétique ou futur. La personne en état de légitime défense au moment de l'agression ne peut être condamnée civilement ou pénalement. La légitime défense est un acte d'irresponsabilité

Mais la loi n'admet cette excuse que lorsque certaines conditions sont réunies :

1- L'acte doit avoir un caractère défensif et avoir été commis dans le but de repousser une attaque.

2- La défense doit avoir été simultanée, ce qui exclut l'acte de vengeance.

3- Enfin, il faut que la nécessité de l'acte se soit imposée et que ce dernier ait été proportionné dans ses moyens à la gravité de l'attaque.

*Au Canada, voici ce que dit :*

1- l'article 328 du Code pénal : Il n'y a ni crime ni délit lorsque l'homicide, les blessures et les coups étaient commandés par la nécessité actuelle de la légitime défense de soi-même ou d'autrui;

2- Article 329 : Sont compris dans le cas de nécessité actuelle de défense les deux cas suivants : - si l'homicide a été commis (...) en repoussant pendant la nuit... - si le fait a eu lieu en se défendant contre les auteurs opérant avec violence.

Ainsi, pour se faire reconnaître d'agir en légitime défense hors de tout doute, quelques conditions minimales doivent être réunies :

1- Être l'agressé et non l'agresseur

2- L'agressé est celui qui repousse un acte

3- L'acte d'agression est exécuté - la nuit - avec violence

4- L'acte d'agression est un danger immédiat et non hypothétique ou futur

5- L'acte de défense est utilisé avec des moyens proportionnés à la gravité de l'attaque.

Face à ces considérations, examinons les faits et faisons preuve d'objectivé.

*Le MPCI est-il en légitime défense ?*

Les actes que repousse le MPCI sont politiques : la Constitution, la légitimité de l'élection du gouvernement

Gbagbo, le Code de nationalité et la Loi sur le foncier rural. Ces politiques se sont-elles mises en place en catimini (la nuit) ? Non ! Il est notoire que la Constitution de la Seconde République a fait l'objet de consultations et reçu l'assentiment explicite de tous les partis politiques et de la population. La mise en place de ces politiques s'est-elle opérée dans la violence ? Non ! Des actes de violence sont portés à l'actif du gouvernement Gbagbo par des opposants. Cependant ces interventions, si confirmées, seraient condamnables sans qu'on puisse leur attribuer une portée qu'elles n'ont pas. Eu égard aux politiques décriées par le MPCI, les membres de celui-ci et ceux qu'ils jugent en être victimes sont-ils en danger immédiat ? Non ! Les politiques de développement social, politique et économique peuvent être frustrantes, voire injustes. Mais, elles n'ont jamais été une guillotine imminente dans un pays dont le degré de démocratie est aussi avancé que celui de la Côte d'Ivoire. Les inconvénients éventuels liés au maintien du gouvernement élu, légitimement ou non, demeurent hypothétiques et évitables dans le contexte où chaque Ivoirien peut être coauteur pacifique de son propre avenir et de celui de la collectivité. Enfin, les moyens utilisés par le MPCI sont-ils proportionnés aux dangers par lesquels il se sent menacé ? Non ! La tentative de coup d'État armé a déjà provoqué plusieurs milliers de morts et fait prendre en otages 16 millions de citoyens. Pourtant, les tribunaux, les partis politiques, l'Assemblée nationale, les organismes des Droits de l'Homme, les syndicats et les médias sont autant d'instruments dont dispose tout citoyen qui souhaite un changement dans l'orientation d'une des quelconques institutions politiques du pays.

Il est clair que le MPCI et les autres rebelles armés ne sont pas en légitime défense. Par conséquent, ils sont des agresseurs.

*La République ivoirienne est-elle en légitime défense ?*

Les actes que repousse l'État sont des comportements à main armée, débutés le 19 septembre, par surprise et en pleine nuit, à l'aide d'armes lourdes dont la puissance de feu était supérieure à celle des forces armées nationales, donc avec une violence inégalée contre les institutions de la République.

Les corps habillés, militaires, gendarmes, policiers et douaniers ont été assaillis à mort, ainsi que des civils postés au mauvais moment, à la mauvaise place. Cinq mois plus tard, le danger immédiat conduisant à la mort et au statut de réfugiés s'est étalé dans tout l'espace ivoirien, et a pénétré dans toutes les couches sociales. Le pays a cessé de fonctionner et l'économie risque de faire reculer le niveau du développement au stade de l'ère préindustrielle.

Dans ce contexte, les dialogues, les pourparlers, les sommets sont devenus des recettes périmées et des euphémismes de dîners de gala. La République doit agir à la hauteur des moyens suffisants, nécessaires et proportionnés dont elle dispose pour repousser des agresseurs lourdement armés.

Voilà, la République de la Côte d'Ivoire est l'agressée dans la présente crise et ses forces armées, les FANCI, et son chef, le Président de la République, doivent prendre leurs responsabilités. Le hic est que des institutions internationales ou hors nationales, l'ONU, la France et la CEDEAO, posent des obstacles en faisant une mauvaise lecture de la situation. Pourquoi et comment contourner ces contraintes ?

## III- Pourquoi l'ONU n'a pas d'autorité dans la crise ivoirienne ? Quelles sont les positions de l'ONU ?

L'ONU constate, enquête et prend des décisions en matière de sécurité internationale, par le biais du Conseil de sécurité, son organe mandaté selon les chapitres 6, 7 et 8 de sa Charte (Art.33 à 54). Depuis le début de la crise ivoirienne, le Conseil de sécurité :
- a appelé au plein respect de l'ordre constitutionnel ivoirien et donné son appui au gouvernement légitime de Gbagbo ;
- a indiqué qu'il n'y avait pas d'issue militaire à la crise ;
- a donné son approbation aux Accords de Marcoussis et Kléber ;
- a envoyé une mission des Droits de l'Homme en Côte d'Ivoire et réfléchit à l'envoi de Casques bleus.

Par le fait même, l'ONU :
- légitime à la fois le gouvernement ivoirien et les mouvements rebelles ;
- s'oppose à la reprise des hostilités militaires ;
- et demande le respect des Droits de l'Homme.

Cette attitude heurte par son illogisme, car la crise ivoirienne est la situation d'un État agressé par des groupes d'individus armés. Mais, cela n'est pas étonnant : l'ONU est experte dans les relations internationales et dilettante dans les crises intra-nationales. C'est dans son mandat que se trouve l'explication.

*De quoi s'occupe l'ONU ?*
De relations internationales, c'est-à-dire de codes de conduite entre États. Les buts des Nations Unies sont contenus dans l'article 1 du chapitre 1 de sa charte :
1- Maintenir la paix et la sécurité entre États...

2- Développer entre les nations des relations amicales...

3- Réaliser la coopération internationale en résolvant les problèmes internationaux...

4- Être un centre où s'harmonisent les efforts des nations...

Comment se manifeste l'incompétence de l'ONU dans la crise ivoirienne ? Comme l'ONU est un forum d'États et existe pour ses membres, elle a tendance à gérer tous les conflits en s'inspirant de sa charte, c'est-à-dire en ayant tendance à traiter les belligérants comme deux entités légitimes à arbitrer. Prenons le MPCI pour un État et nous retrouvons la logique de comportement du Conseil de Sécurité :

- Premièrement, déterminer qui est l'agresseur ou l'agressé importe peu, le premier pas positif est le cessez-le-feu ;

- Deuxièmement, la reprise des hostilités est contraire au maintien de la paix ;

- Troisièmement, toute solution négociée et signée est un engagement de non retour vers la guerre, ce qui mérite d'être soutenu.

Le MPCI n'étant pas un État mais un groupe illégalement constitué pour agresser un État, la pression de l'ONU sur le gouvernement ivoirien tend à faire du cessez-le-feu, de l'obsession de la négociation et de la nécessité d'une force neutre d'interposition ce qui suit :

- un encouragement à la rébellion armée dans les pays où la démocratie en est au stade de l'adolescence ;

- le maintien d'une sécession de fait sur le plan territorial ;

- une condamnation pour violation des Droits de l'Homme, de tout effort de l'État à prendre à défaut les agresseurs.

C'est pourquoi le Rapport du Haut Commissariat des Nations Unies chargé des Droits de l'Homme constitue un document d'une valeur scientifiquement, juridiquement et moralement nulle. En effet, la mauvaise lecture de la crise ivoirienne a conduit la Mission des Nations Unies à des inepties :

- en ne considérant pas la situation actuelle de cessez-le-feu comme un contexte de guerre, puisque la période d'intérêt est celle du 19 septembre au 19 décembre 2002 ;

- en consultant et voyageant avec les rebelles comme des citoyens en situation de légalité et en faisant d'eux une de leurs sources d'informations pour éventuellement traduire en justice des agressés en légitime défense ;

- en accusant l'État et ses institutions de violations des Droits de l'Homme, pour des actes de violence utilisés pour démasquer et neutraliser les agresseurs ;

- en se donnant pour but un objectif de neutralité meurtrière, de "contribuer au rétablissement de la paix dans le respect des principes des Droits de l'Homme... et de recueillir des informations susceptibles d'aider le Conseil de sécurité à comprendre la situation sur le terrain" (chap. II, alinéa 7), comme si la guerre était finie et que le moment était venu d'en faire le bilan ;

- en adoptant une méthodologie de travail entachée de subjectivité et de préjugés car, dit le rapport (Chap.II, alinéa 6), "la mission avait à l'esprit que la Côte d'Ivoire a été un membre respecté des Nations Unies (comme si elle ne l'était plus par condamnation présumée ou anticipée).... et avait à l'esprit la stabilité politique (...) et la prospérité économique de la Côte d'Ivoire, qui lui avaient permis d'accueillir des millions de migrants" (comme si être migrant signifiait la naturalisation);

- en prenant pour sienne la justification de la rébellion armée contre l'État ivoirien, et en acceptant comme "questions relatives aux Droits de l'Homme à l'origine du conflit" (Chap.III) les questions de "l'identité nationale" (alinéa 11), du "concept d'ivoirité" (alinéa 12), de la "Constitution" (alinéa 13) et du "foncier rural" (alinéa 15);

- en ne condamnant nulle part, dans le rapport, l'acte de rébellion et d'agression armée comme un moyen démesuré pour exprimer des griefs politiques ;

- en démontrant une profonde et grave méconnaissance de la situation socio-politique ivoirienne, ce qui l'a amenée à confondre Opposition politique et RDR, Ivoiriens ressortissants du nord et étrangers, accès à une carte de séjour (droit) et exclusion (ostracisme), droit à la terre et droit de succession, articles contre l'homosexualité et message raciste, discours pour la libération du pays et messages haineux nationalistes (alinéa 100), actes de violence sexuelle et valeurs ivoiriennes (alinéa 96), taudis détruits et biens de valeur quantifiable sujets à des poursuites pour dommages et intérêts (alinéas 116 à 120) ;

- en manquant de crédibilité pour n'avoir pas vérifié des rumeurs, allégations et sentiments d'injustice, pour avoir fait preuve d'incohérence dans la citation ou non de ses sources d'informations ; en osant tirer des conclusions après un séjour d'une semaine en Côte d'Ivoire qui s'apparente davantage à un voyage touristique qu'à une mission scientifique, puisque, sur les sept jours consacrés à la séance, il faut exclure les 2 jours d'arrivée et de départ, les jours fériés de Noël, les heures de transport pour parcourir le pays du Nord au Sud, d'Est en Ouest, donc un travail bâclé ;

- en osant faire des recommandations demandant à traduire des forces de défense ivoiriennes en justice tout en gardant les rebelles dans l'impunité (alinéa 154-3) ;

- en enjoignant à la Côte d'Ivoire de signer la Convention internationale sur la protection des droits de tous les travailleurs migrants et des membres de leur famille, ainsi que la Convention internationale contre le recrutement, l'emploi, le financement et la formation de mercenaires. N'est-ce pas un comportement condescendant à l'égard d'un pays agressé qui au moins devrait être invité à respecter les Conventions de Genève du 12 août 1945, lesquelles portent sur le traitement des malades, blessés et prisonniers militaires en situation de guerre. Sauf erreur, la Côte d'Ivoire n'est pas signataire des Conventions de Genève, ni des 2 protocoles additionnels du 8 juin 1977. La Côte d'Ivoire n'est donc pas liée à leur application. En outre, à quelles conventions internationales, le MPCI est-il soumis ? Aucune !

Aucun ivoirien, surtout militaire ou paramilitaire, défendant la République, ne sera lâché par le peuple pour être traduit en justice pour crime contre l'humanité, car, comme l'a dit le juriste canadien Pierre Lemieux, l'homme en état de légitime défense armée devra exercer son jugement, mais on aurait tort de lui demander plus de sang-froid qu'on n'exige de discernement de la part de ses agresseurs. De plus, selon le philosophe John Locke, la légitime défense est éminemment conforme à la morale.

*Pourquoi la Côte d'Ivoire peut et doit ignorer l'ONU ?*

Les Ivoiriens sont libres de prendre les décisions qu'ils considèrent aller dans le sens de leurs intérêts. Et c'est librement que la Côte d'Ivoire a adhéré en 1960 à l'ONU, organisation créée en 1945 par 51 États dont 3 africains : l'Afrique du Sud, l'Éthiopie et le Libéria. La Côte d'Ivoire et 200 autres États en sont devenus membres pour les beaux principes que contient sa charte, notamment pour le fait que l'Organisation est sensée fournir les moyens d'aider à résoudre les conflits internationaux... (Cf. Document : ONU en bref). De plus, il semble rassurant et démocratique de lire que "chaque membre de l'Assemblée générale dispose d'une voix" (Art. 18.1 de la charte).

Le fonctionnement pratique de l'ONU fait déchanter, car :

- l'ONU n'est pas un gouvernement mondial et ne légifère pas. Elle fixe des règles pragmatiques, c'est-à-dire dynamiques, selon les enjeux. D'où l'ouverture à l'arbitraire ;

- l'ONU n'est pas démocratique. En effet, elle est composée de 6 organes : une Assemblée générale, un Conseil de sécurité, un Conseil économique et social, un Conseil de tutelle, une Cour internationale et un Secrétariat (art.7). L'omnipotent est le Conseil de sécurité. Voici ce que dit l'article 24 de la Charte : "Afin d'assurer l'action rapide et efficace de l'Organisation, ses Membres confèrent au Conseil de sécurité la responsabilité principale du maintien de la paix et de la sécurité internationale et reconnaissent qu'en s'acquittant des devoirs que lui impose cette responsabilité, le Conseil de sécurité agit en leur nom". Quoi de plus normal qu'une délégation de pouvoir à un groupe restreint de Membres. Mais l'article 25 vient tout gâcher en enlevant tout pouvoir de contrôle à l'Assemblée générale : "Les Membres de l'Organisation conviennent d'accepter et d'appliquer les décisions du Conseil de sécurité". De plus, 5 des 15 Membres de ce Conseil de sécurité sont permanents (Art. 23.1). De l'échelle planétaire à celle d'un pays, c'est comme si un président de la République se nommait à vie. Créer le Conseil de sécurité et lui subordonner l'Assemblée des 201 Membres, sous le prétexte de la recherche de l'efficacité pour des problèmes qui concernent 6 milliards d'individus, est une insulte à l'intelligence, d'autant plus que le Congrès des États-Unis, pays de 288 millions d'habitants, est composé de 100 sénateurs et de 435 députés à la Chambre des Représentants ; les résolutions du Conseil de sécurité sont appliquées de façon discriminatoire. Le cas le plus fragrant est celui d'Israël. Depuis sa création en 1947, ce pays a refusé de se plier à au moins 20 résolutions des Nations Unies. Suite au massacre à Jenine au mois de mai 2002, voici ce qu'a rapporté Terje Roed-Larsen, l'envoyé spécial de l'ONU : "Les destructions dans le camp de réfugiés palestiniens de Jenine, envahi par l'armée israélienne, montrent une horreur qui dépasse l'entendement". L'Assemblée générale adopta par 114 voix pour, 11 abstentions et 4 contre (Israël, États-Unis, les Îles Marshall et la Micronésie) une résolution demandant le retrait d'Israël des Territoires occupés. Une équipe d'enquête fut mise sur pied. Puis, ce fut le retournement : après deux semaines d'opposition d'Israël à la décision de l'ONU, Kofi Annan, le Secrétaire général, annonça la dissolution de la mission d'enquête du massacre de Jenine. Ce qui provoqua l'ire de la vraie communauté internationale. Comme toujours, la pression américaine l'emporta aux dépens de la légalité internationale ; en fait, aucun pays n'est tenu d'accepter les décisions de l'ONU. Ce faisant, il risque tout au plus, en théorie du moins, la suspension ou l'exclusion (Art. 5 et 6 de la Charte). C'est ainsi que l'adhésion aux conventions est facultative. Donnons un exemple. Le 1er juillet 2002 est entrée en vigueur la Cour Pénale Internationale. Tous les pays n'en sont pas membres, dont les Etats-Unis, qui ont exigé, en vain, comme condition, qu'un Américain ne puisse jamais être poursuivi dans le cadre de ce Tribunal (Déclaration du porte-parole du Quai d'Orsay des 27 août 2002 et 1er octobre 2002). D'autre part, ordre militaire du 13 novembre 2001, le Président Bush a précisé "comment devront être traités, détenus, incriminés et jugés les "non-citoyens "américains dans le cadre de la guerre contre le terrorisme". Parallèlement, cet ordre "confie aux autorités militaires américaines des prisonniers suspectés d'appartenir à Al Qaïda", en faisant fi des Conventions de

Genève, car selon le président américain, les prisonniers afghans détenus à la base militaire américaine de l'île (cubaine) de Guantanamo ne sont pas tout à fait des prisonniers de guerre mais plutôt des "combattants illégaux" (cf. *Le Monde* du 26 février 2002).

C'est dire que la Côte d'Ivoire doit prendre la meilleure décision qui lui convient face à la crise actuelle et ne pas se laisser distraire par les chantages des autres, de ceux qui ont créé un précédent en rendant caduque la Charte des Nations Unies et inopérantes ou injustes les résolutions du Conseil de sécurité. L'ONU n'a aucune autorité légale dans la crise ivoirienne, ne faisant pression que sur la Côte d'Ivoire, son État Membre, et avouant son incompétence à donner des ordres aux rebelles agresseurs. À ce propos, Christophe Ayad et Jean-Dominique Merchet ont écrit sur Libération.fr du 3 janvier dernier ceci : cette question ne relève pas du droit international.

En intervenant donc dans la crise ivoirienne, le message subliminal envoyé par l'ONU est qu'elle est obligée de dire quelque chose d'apaisant, en vertu de son mandat, mais qu'il appartient à la Côte d'Ivoire elle-même de prendre les moyens appropriés pour se libérer de ses terroristes. C'est en vertu de cela que, impunément, la Grande-Bretagne combat sans concession l'IRA ; la France, les indépendantistes corses ; l'Espagne, l'ETA ; la Russie, les indépendantistes tchétchènes ; et Israël, la Palestine, celle-ci n'étant pas reconnue Membre des Nations Unies mais invitée comme simple observateur des sessions et des travaux de l'Assemblée générale.

Par ailleurs, le rapport annuel 2000 d'Amnesty international a relevé les principales formes d'atteintes aux Droits humains recensées à travers le monde : exécutions extrajudiciaires dans 38 pays, disparitions dans 37 pays, tortures et mauvais traitements dans 132 pays, prisonniers d'opinion dans 61 pays, procès inéquitables dans 51 pays, détention sans inculpation ni jugement dans 63 pays, peine de mort dans 55 pays et exactions commises par les groupes armés d'opposition dans 46 pays. Alors, si l'ONU veut régler les problèmes politiques mondiaux par ordre d'ancienneté, la Côte d'Ivoire peut encore attendre.

## IV- Qu'est-ce que l'armée française fait en Côte d'Ivoire ?

Le fait que j'écrive ce texte en français explique en partie la présence française en Côte d'Ivoire. Je suis français comme tous les Ivoiriens nés avant 1960 en territoire français de la côte des esclavages, appelé depuis lors Côte d'Ivoire. L'autre explication provient de la volonté du Président Houphouët de consacrer la totalité des recettes publiques au développement et de confier la défense du pays à la France. Son calcul était simple. Si la Côte d'Ivoire est attaquée de l'extérieur, le RIOM devenu BIMA la défendra. De plus, n'ayant pas d'armes, aucun groupe militaire interne ne pourrait être tenté de faire un coup d'État. Quelle clairvoyance et quelle intelligence ! C'est vrai, jusqu'à ce qu'on imagine que le pays défenseur pourrait être l'agresseur. Ce serait la tragédie du loup gardien de la bergerie. Dès le lendemain de la tentative du putsch, l'armée française est intervenue. Cinq mois plus tard, l'État ivoirien n'est pas encore libéré. Pourquoi ?

Que dit l'Accord de défense liant la France et la Côte d'Ivoire ? Retenons les articles pertinents de l'Accord d'assistance militaire France - Côte d'Ivoire, signé à Paris le 24 avril 1961, par le Président ivoirien Félix Houphouët-Boigny et Michel Debré, Premier ministre du Général de Gaulle (Source : lacotedivoire.net) :

- Article 3 : "La République de Côte d'Ivoire, en vue d'assurer la standardisation des armements, s'adressera en priorité à la République française pour l'entretien et le renouvellement des matériels et équipements de ses forces armées. En tout état de cause, la fourniture de l'armement léger, des matériels de transmission et des véhicules de combat des unités de l'armée de terre sera assurée par la République française. Si une fourniture ne peut être effectuée à titre gratuit, les conditions financières de la cession seront fixées d'un commun accord. Pour les fournitures qui ne pourraient, après étude en conseil régional de défense, être faites par la République française, la République de Côte d'Ivoire se réserve le droit d'accepter l'aide d'autres pays".

- Article 4 : "Les dépenses d'entretien et de fonctionnement de ses forces armées sont à la charge de la République de Côte d'Ivoire. Les forces armées ivoiriennes peuvent faire appel pour leur soutien logistique au concours des forces armées françaises".

- Article 9 : "La République française met à la disposition de la République de Côte d'Ivoire, en fonction des besoins exprimés par celle-ci, les officiers, sous-officiers et hommes de troupe français dont le concours lui est nécessaire pour l'organisation, l'instruction et l'encadrement des forces armées ivoiriennes. Ces personnels sont mis à la disposition des forces armées ivoiriennes pour remplir des emplois correspondant à leur qualification. Ils sont soldés de tous leurs droits par l'autorité française et sont logés, ainsi que leur famille, par l'autorité ivoirienne. La liste des postes à pourvoir est arrêtée d'un commun accord par les ministres français et ivoiriens compétents. Elle est révisée en principe tous les ans".

Article 12 : "Les personnels militaires français en service dans les forces armées ivoiriennes sont à la disposition du commandement ivoirien selon les règles traditionnelles d'emploi de leur arme ou service. Toutes les décisions du commandement les concernant sont portées à la connaissance de l'autorité militaire française. De même, toutes les décisions du commandement français les concernant sont portées à la connaissance de l'autorité militaire ivoirienne".

Certains articles des 2 annexes de l'Accord de défense sont aussi pertinents. Dans l'annexe I :

- Article 4 : "Les autorités ivoiriennes ne pourront procéder à l'arrestation d'un membre des forces armées françaises qu'en cas de flagrant délit. Elles en aviseront immédiatement les autorités militaires françaises et remettront l'intéressé à celles-ci dans le délai le plus court requis pour cette remise..."

Article 6 : "En cas d'Infraction commise en Côte d'Ivoire à l'encontre des forces armées ou des installations, biens et matériels militaires français ou ivoiriens, les autorités françaises et ivoiriennes s'engagent à prendre contre les personnes soumises à leur juridiction respective les mesures équivalentes à celles qui seraient prises si ces infractions avaient été commises à l'encontre de leurs propres armées ou de leurs propres installations, biens et matériels militaires" .

Dans l'annexe II, concernant l'aide et les facilités mutuelles en matière de Défense, il est écrit :

- Article 2 : "En vue de leur permettre de remplir efficacement leur mission conformément aux articles 3 et 4 de l'accord de défense, la République de Côte d'Ivoire laissera aux forces armées françaises la libre disposition de casernements, bâtiments et terrains situés dans les localités qui seront désignées en conseil régional de défense. L'emprise de ces installations et casernements, ainsi que les conditions de leur utilisation, seront déterminées d'un commun accord en conseil régional de défense ".

- Article 3 : "Par " libre disposition" les parties contractantes entendent l'ensemble des droits et facilités d'implantation, de protection, de ravitaillement, d'instruction, de liaison et de transmission, de mouvement et de circulation dans les espaces terrestres et aériens et dans les eaux territoriales, entre les installations nécessaires à l'existence et à la sûreté des forces, ainsi qu'à l'exécution de leurs missions, tels qu'établis par l'article 4 de l'accord de défense".

En termes clairs, l'Accord de défense France - Côte d'Ivoire se résume ainsi :

1- Les Forces armées françaises et ivoiriennes sont distinctes de juridiction mais uniques sur le plan opérationnel.

2- La Côte d'Ivoire doit obtenir de la France le matériel et le personnel militaires dont elle a besoin, sur demande et sous son commandement et vice versa.

3- Les deux forces armées collaborent pour repousser les attaques contre l'une des deux forces armées.

4- Les attaques peuvent être aussi bien d'origine intérieure qu'extérieure.

5- Chaque force armée considère comme attaque contre l'autre force armée ce qu'elle combattrait si elle-même en était la victime.

6- Chaque pays est libre de faire appel à l'aide d'autres forces armées après consultation de l'autre pays.

En vertu de l'Accord de défense France - Côte d'Ivoire, qu'est-ce qui aurait dû être fait dès le 19 septembre 2002 ?

Il n'est pas question ici de faire la leçon à qui que ce soit, mais de faire le simple exercice de la prévision post ante de ce qui serait arrivé si l'Accord de défense avait été activé. Pour ce faire procédons dans la logique débutant par un exemple hypothétique mais analogue à la réalité ivoirienne : aux élections présidentielles françaises de 2002, Jacques Chirac a fini en tête au premier tour avec 19,88% des votes exprimés, ce qui représentait 13,75%

des inscrits. Au deuxième rang, se trouva Jean-Marie Le Pen du Front National (FN), devançant le favori Lionel Jospin, avec 16,86% des voix exprimées. Toute la France, sauf les partisans du FN bien sûr, s'est élevée comme un seul homme pour huer et vilipender Le Pen. Il est comparé à Hitler et traité de "raciste, antisémite, négationniste, misogyne, homophobe, tortionnaire et même anthropophage" (Cf. Caroline Cordier, Présidentielles.net du 25/04/2002). Les médias écrits, parlés et électroniques formèrent un cartel informel pour la circonstance et décidèrent de ne pas couvrir la campagne du $2^{ème}$ homme politique le plus populaire de France. Le débat traditionnel des deux candidats restés en lice fut annulé. Résultat final du second tour : Chirac l'emporta haut la main avec 82,21% des exprimés et Le Pen obtint la balance : 17,79%. Les partisans du Front National avaient-ils raison de crier au scandale pour intimidation, liberté d'expression bafouée, injustice, démocratie tronquée et illégitimité de l'élection de Chirac ? Dans tous les cas, ils n'auraient pas totalement tort. Supposons maintenant que quelques-uns d'entre eux attaquent l'État français après avoir formé un commando lourdement armé et s'être préparés en Catalogne, encadrés par l'armée espagnole, dans le but de renverser Chirac.

Comment réagirait l'armée française ? La réponse nous renvoie à l'article 6 de l'annexe I de l'Accord de défense franco-ivoirienne. Comme l'armée française se serait mobilisée contre les rebelles, elle doit comprendre que notre Accord de défense s'applique dans la présente crise ivoirienne.

Étant donné la puissance de frappe de l'armée française, dès le 20 septembre, la Côte d'Ivoire serait libérée et la France béatifiée. En signe de gratitude, les entreprises françaises seraient classées dans une catégorie de partenaires privilégiés.

Mais voilà, ce beau scénario fait maintenant partie des occasions manquées. La question est à présent de savoir pourquoi les choses se sont passées autrement et à quoi l'Ivoirien doit s'attendre, car le citoyen a droit à l'information.

*Quelle est la position officielle de la France dans la crise ?*

Commençons par faire la synthèse de quelques réactions politiques des autorités françaises en les structurant dans un schéma cohérent par rapport à leur comportement militaire sur le terrain :

Voici les révélations de l'orientation de la nouvelle politique française en Afrique. Paris, 11 juillet 2001, le quotidien Le Monde s'entretient avec M. Hubert Védrine, ministre des Affaires étrangères français :

- Question : Comment définiriez-vous la nouvelle politique africaine de la France ?

- Réponse : "...Nous ne nous ingérons plus dans les crises internes. Depuis l'arrivée à Matignon de Lionel Jospin, nous avons résisté aux pressions pour intervenir sous des prétextes qui pouvaient paraître bons dans une appréciation à court terme..."

- Question : Puisque vous avez abandonné l'interventionnisme d'antan, des bases militaires à Abidjan ou à Libreville ont-elles encore un sens ?

- Réponse : "...Les cinq bases françaises (Côte d'Ivoire, Djibouti, Sénégal, Tchad et Gabon) restent un élément de stabilisation. Elles ont pu être utilisées, dans le passé, pour des interventions à l'ancienne. C'est fini. Aujourd'hui, nos implantations servent à la formation des armées des pays hôtes ou des forces régionales de paix et, en cas de nécessité, à l'évacuation des communautés étrangères. Il y a déjà longtemps que nous ne raisonnons plus seulement en termes de communauté française".

- Question : Pourquoi ne pas liquider, par exemple, la clause secrète de l'accord de défense avec la Côte d'Ivoire, qui prévoit une intervention française en cas de troubles intérieurs ?
- Réponse : "C'est tout à fait envisageable. Et ce serait dans la logique de ce que nous avons entrepris ces dernières années pour lever les ambiguïté. Mais, aujourd'hui, le problème n'est pas posé".

C'était en juillet 2001. Aujourd'hui, le problème est posé. Et la France a donné sa réponse sans ambiguïté. Les accords de défense sont des vieilleries. La France y a renoncé unilatéralement et sans avertissement. Voilà, les Ivoiriens ont fait confiance et ils ont été dupés. Le hic est que les autorités ivoiriennes ont déjà accepté sur le sol ivoirien des militaires français en vertu d'un accord dont ils n'ont pas encore pris note de la caducité de fait.

L'Accord de défense est caduc de fait pour les raisons suivantes :

1- La situation commandait à ce qu'il soit appliqué, il ne l'a pas été.

2- Il est trop tard pour l'appliquer, la France étant entrée dans la logique de sa nouvelle politique à l'égard de l'Afrique :

- en déclarant à plusieurs reprises que la crise ivoirienne est intérieure (..) ;
- en indiquant clairement que la mission de son armée est la protection de ses ressortissants (et des étrangers), le maintien du cessez-le-feu, puis, par mandat de l'ONU, le droit d'ouvrir le feu au besoin ;
- en ne voulant pas faire de l'ingérence ce qui l'a amenée à donner une légitimité aux rebelles par les Accords de Marcoussis-Kleber ;
- en donnant son assistance aux deux forces belliqueuses puisque le Quai d'Orsay a déjà déclaré dans

une entrevue que "la crise ivoirienne est le fait de deux armées qui poursuivent le même but".

- en demandant, selon son analyse, à la plus faible des deux armées intérieures (les FANCI) de concéder la victoire, sans effusion de sang supplémentaire, aux plus forts (Les Rebelles), lesquels sont conséquemment les plus aptes à sécuriser le pays et donc les mieux placés pour occuper les postes ministériels de la Défense et de l'Intérieur.

Ce n'est donc pas étonnant que sous la pression, le Président Gbagbo ait déclaré de retour de Kléber : "J'ai perdu la guerre, il faut préparer la paix", étant même prêt à concéder ses attributions à un premier ministre nommé à Paris.

*Alors à quoi s'attendre des Français et de leur armée ?*

1- En fait, dans cette guerre taxée d'ivoiro-ivoirienne, il s'est agi pour la France de choisir entre les Rebelles et Gbagbo. Par les Accords de Marcoussis-Kleker, elle a fait connaître son penchant. Est-ce par objectivité après avoir constaté la supériorité militaire des rebelles ? La réponse par l'affirmative n'a pour crédibilité que celle du simple discours, car la France est comme toutes les autres puissances occidentales, elle est guidée par l'odeur de l'argent.

Pourquoi la France empêcherait-elle les rebelles de marcher sur Abidjan si elle était convaincue de leur supériorité militaire, d'autant plus qu'ils sont son choix ? Serait-ce par humanisme de voir des nègres mourir ? Alors, pourquoi les Bérets rouges français se sont-ils retirés du Rwanda et ont-ils laissé la guerre civile s'opérer ? C'est cruel de soupçonner que c'est peut-être parce que le Rwanda n'avait plus rien à offrir aux actionnaires des "Stock markets", selon les valeurs du développement occidental.

2- Les Français ne lâcheront pas la Côte d'Ivoire. Non pas parce qu'ils se souviennent du Rwanda, car le Rwanda, c'était hier, en 1994. Nous sommes en 2003. La France tient à la Côte d'Ivoire parce qu'elle ne cesse de parler de ce pays en ces termes :
- Vous avez la chance d'avoir un pays riche.
- Vos voisins vous envient parce que Dame nature vous a chéris.
- Vous représentez 40% du PIB de la sous-région.
- Daloa, la capital du cacao.
- San Pedro, là où transitent les exportations de cacao.
- etc...

Et puis, il y a les intérêts en Côte d'Ivoire des firmes transnationales qui font tourner l'économie française, dont Bouygues, Bolloré, Cargill, ADM, Delmas Vieijeux.

3- Les Français vont vouloir rester militairement en Côte d'Ivoire sous prétexte de protéger les étrangers, même si tous les Français quittaient la Côte d'Ivoire, car les étrangers sont plus que la communauté française. C'est ainsi que leur présence formera un kyste, le deuxième, après celui de Bouaké formé par les rebelles.

4- D'une stratégie à l'autre, la France va chercher à atteindre son but : conserver sa place au cœur de l'économie ivoirienne. Comment ? Par l'utilisation de l'intimidation militaire, de l'épouvantail de la force dévastatrice des rebelles, de la pression du Conseil de sécurité dont elle assure la présidence et de la menace, sinon du chantage avec le Tribunal pénal international.

## V- Quelle solution s'offre à la Côte d'Ivoire et aux FANCI ?

La sagesse recommande de garder la tête froide en toute circonstance et prendre une décision sur la base du rapport bénéfice - coût, atouts - faiblesses, forces - contraintes.

Que veut dire garder la tête froide pour le peuple ivoirien ? Savoir qu'aucun Ivoirien n'ira au TPI. Ce tribunal est une création du Conseil de sécurité pour éviter que la Planète fonctionne dans un état de droit.

En effet :

- l'organe officiel des Nations Unies pour la justice est la Cour internationale de justice (CIJ), laquelle siège à La Haye (art. 22 de son statut) par le fait que cette Cour s'inspire de la Convention de La Haye de 1907.

- Or, le contrôle total du CIJ échappe aux cinq membres permanents du Conseil de sécurité par les articles 1 à 21 du statut de la Cour.

- Alors, le club des cinq a profité des brèches du chapitre VII de la Charte des Nations Unies pour se donner le pouvoir de créer des Cours de justice parallèles. Cours au pluriel car le Conseil de sécurité crée des tribunaux selon son jugement. C'est ainsi qu'il a créé le TPI pour l'ex-Yougoslavie en 1991, ayant décidé de régler le compte à Milosevic, et créé le TPI pour le Rwanda en 1994 pour se donner bonne conscience en condamnant les autres.

- Milosevic est incarcéré aujourd'hui parce que sous le chantage des bailleurs de Fonds, le peuple serbe a troqué leur ancien chef pour des dollars.

- Ma connaissance des Ivoiriens me fait croire que celui qui voudra se risquer à descendre à Abidjan pour cueillir un Ivoirien pour un de ces tribunaux à sens unique n'est pas encore né.

Faire confiance à nos forces armées. La libération d'Abidjan dans la nuit des longs couteaux des 18 et 19 septembre n'est pas le fait de la chance. Si la Côte d'Ivoire a encore une république démocratique aujourd'hui, c'est grâce au travail héroïque de nos soldats. Nous les avons tous vus se battre avec acharnement sur nos petits écrans. Notre gratitude à leur endroit n'est pas encore suffisamment exprimée.

Savoir canaliser nos énergies. Face à l'équipement sophistiqué des rebelles du MPCI et à leur capacité de soutenir les besoins de leurs soldats, il n'y a aucun doute que des organisations occultes soient leurs commanditaires. Les démasquer aurait été utile pour porter les accusations appropriées. Plus de cinq mois après la crise, nous n'avons toujours que des soupçons axés sur des témoignages, des rumeurs, des déclarations et des comportements ambigus. À son heure, nous le saurons. Mais, l'heure est à la libération du pays. L'enjeu est politique, certes. Mais il est avant tout humanitaire. Nous avons le devoir de rétablir la dignité dans le cœur des citoyens et de leur permettre d'avoir du pain et du beurre sur la table. La seule donnée à prendre pour acquise est que le MPCI, le MPIGO, le MPJ ne sont pas des interlocuteurs valables, n'étant que la pointe d'un iceberg méconnu. Comme les rebelles ivoiriens exécutent un mandat reçu, ils resteront sur leurs positions tant et aussi longtemps que leurs mandataires n'auront pas changé d'idée. C'est pourquoi, le peuple ivoirien doit principalement compter sur sa capacité physique à agir et sa force spirituelle de pardonner.

Quelles sont les contraintes à considérer par le peuple ivoirien pour résoudre la crise ? D'abord, les obstacles exogènes :

- le kyste de Bouaké. Les rebelles contrôlent la métropole du centre du pays. Le temps leur a permis d'y solidifier leur base militaire et les Accords de Marcoussis - Kléber les ont légitimés. Toute solution qui ne serait pas assujettie à leur désarmement n'en serait pas une. Mais, comment trouver un compromis efficace avec des interlocuteurs manipulés par un ennemi occulte ?

- Le kyste d'Abidjan. L'armée française est sortie de sa caserne de Port-Bouët et s'est métastasée dans les coins stratégiques de la ville. Par l'Accord de défense de 1961, cette armée française est une force militaire ivoirienne. Par son refus d'activer cet Accord, elle se détourne de ses responsabilités. Son comportement a l'effet d'une mutinerie. Sans la bonne volonté de la France, sa force militaire constituera un élément déstabilisateur pernicieux et permanent.

Les engagements endogènes :

- Les principaux partis politiques ivoiriens ont signé Marcoussis. Ils doivent respecter leurs signatures pour ne pas perdre leur crédibilité.

- Le président de la République a signé Kléber. Il a déjà fait comprendre qu'il n'est pas un tricheur. Il s'est engagé donc à respecter sa signature.

Le peuple ivoirien doit prendre acte de ces faits ou congédier leur président et désavouer leurs partis politiques. Des deux alternatives, la moins déstabilisatrice est la première. Toutefois, il ne serait pas ivoirien de tomber dans le pessimisme. Regardons l'autre revers de la médaille. Quels sont les leviers de correction des Accords de Marcoussis - Kléber dont le peuple ivoirien dispose ? Brève historique : À Lomé, les deux parties réunies autour de la table de négociation étaient, d'un côté les assaillants et de l'autre une délégation républicaine conduite par le président du Conseil économique et social. À Marcoussis, le nombre de parties convoquées a été élargi. Ce qui semblait être un progrès si un compromis se dégageait. À la lumière des évènements en cours, il est clair que si l'Accord de Marcoussis constitue un progrès dans la recherche de la paix, il ne peut pas être considéré comme la solution finale, puisque les parties prenantes à cet accord ne représentent pas la République tout entière. L'Accord de Marcoussis n'engage que les signataires. Il n'engage pas les autres institutions de la République non conviées aux négociations.

Conséquemment, la paix ne peut se bâtir que si toutes les institutions de la République sont satisfaites. Donc, l'Accord de Marcoussis ne peut être un accord pour la République de Côte d'Ivoire que si les absents à Marcoussis y ajoutent leur bonification. C'est pourquoi, toute solution proposée ne peut être considérée comme un accord définitif que si l'Armée est d'accord, que si l'Assemblée nationale est d'accord et, de façon ultime, que si le peuple est d'accord.

D'où la conclusion que la marge de manœuvre du gouvernement ivoirien pour négocier la bonification des Accords de Marcoussis - Kléber est le fait que :

- La population ivoirienne dans la zone libre rejette Marcoussis, pour le contenu et pour la forme.

- Les FANCI rejettent une partie déshonorante de Marcoussis et se rongent les doigts d'impatience.

- Les instances supérieures de l'Assemblée nationale rejettent Marcoussis auquel elles ne sont pas partie prenante. Quels sont les constats actuels concernant l'applicabilité des Accords de Marcoussis – Kléber ? Le Président de la République a déclaré que là où Marcoussis - Kléber et la Constitution ivoirienne s'opposent, c'est la Constitution qui s'impose.

- Par conséquent, céder une partie de ses pouvoirs au nouveau Premier ministre est légal (Art. 53 de la Constitution) ;

- Cependant, il est aussi écrit dans le même article 53 que "...Cette délégation de pouvoirs (à un membre du gouvernement) doit être limitée dans le temps et porter sur une matière ou un objet précis". Ainsi, l'article 3.c de Marcoussis est inopérant. Il est libellé comme suit : "Le gouvernement de réconciliation nationale sera dirigé par un Premier ministre de consensus qui restera en place jusqu'à la prochaine élection présidentielle à laquelle il ne pourra se présenter".

Le MPCI réclame les postes ministériels de la Défense et de l'Intérieur qui lui auraient été octroyés. Nulle part dans "Les Accords de Linas-Marcoussis" ou dans les "Conclusions de la rencontre des Chefs d'État" de Kléber, il en est question. Par contre, l'article 3.d dit ceci : "Ce gouvernement sera composé de représentants désignés par chacune des délégations ivoiriennes ayant participé à la Table Ronde. L'attribution des ministères sera faite de manière équilibrée entre les parties pendant toute la durée du gouvernement". Si le texte dit clairement que les parties rebelles peuvent désigner des représentants au gouvernement, il n'est pas dit que ce sont les rebelles eux-mêmes qui doivent être au gouvernement. Pour être au gouvernement, il faut être ministrable, être propre face à la loi et être accepté par la population. Par la réaction de diverses composantes de la population, il n'est pas question de rebelles au gouvernement ivoirien. Fait intéressant, leur absence est conforme à l'esprit et à la lettre des Accords. Leur non représentation en serait par contre une entorse.

Ainsi, l'opposition des FANCI à l'entrée des rebelles dans le gouvernement est en droite ligne avec le respect des institutions ivoiriennes et ne va pas à l'encontre des Accords de Marcoussis - Kléber. Les promesses de coulisses lors de dîners de gala auxquelles fait référence le MPCI pour réclamer la Défense et l'Intérieur, n'ont pas et n'auront jamais force de loi en Côte d'Ivoire.

*Alors, que faire ?*

1- Prendre acte que le seul interlocuteur valable auquel la République est confrontée est la France. Les rebelles sont manipulés et n'ont aucun pouvoir de négociation.

2- Aidons positivement le Premier ministre Seydou Diarra à proposer un gouvernement de consensus.

3- Un préalable : les rebelles ne doivent pas et ne peuvent faire partie du gouvernement. Pas question de prime à la violence si nous voulons bâtir une démocratie solide. Qu'ils se fassent représenter par des hommes ou des femmes propres face à la loi, dans l'esprit et la lettre de Marcoussis.

4- Que le Chef de l'État, les partis politiques, l'Assemblée nationale, les FANCI et l'opinion publique se prononcent. Puis, proposons, discutons et négocions de nouveau avec la France jusqu'au consensus.

5- Une fois la France et la Côte d'Ivoire en accord sur la composition du nouveau gouvernement, les autres problèmes pourront aisément se régler.

6- Si, malgré l'aurore, des esprits rapaces s'entêtent à violer les droits du peuple ivoirien et refusent la raison de la paix et de la primauté du droit, et qu'au crépuscule, la guerre s'impose à nous, les FANCI seront prêtes pour la finale.

Que Dieu bénisse la Côte d'Ivoire et nous ramène tous à la raison ! Vive la Côte d'Ivoire ! Vive la liberté ! Vive les FANCI !

Toujours prêts pour la Nation !

# Conclusion

## A bon entendeur, salut !

La situation actuelle de crise de la Côte d'Ivoire s'inscrit dans la philosophie de recolonisation de la Planète par les pays occidentaux. La globalisation des marchés à l'échelle mondiale n'a pas de dimension humaine. "Globalisation, oui, dans les pays développés mais monopolisation dans les pays pauvres d'Afrique". Elle vise à transformer les multinationales des pays déjà riches en entreprises transnationales en leur donnant un passeport universel pour devenir propriétaires des ressources des pays déjà pauvres, sans aucune référence à la liberté des marchés. Le pire est que ce pillage éhonté se fait de plus en plus dans un cadre organisé de quelques Etats maffieux qui essaient d'utiliser l'ONU comme une référence légale pour rabaisser illégitimement et immoralement les autres nations.

La France joue ce rôle de pilleur de nos ressources économiques avec arrogance et sous la menace de son armée et du chantage de certains membres du Conseil de sécurité de l'ONU dont elle est membre permanent avec un droit de veto. Ou nous nous laissons manger la laine sur le dos comme des moutons, ou nous nous tenons ensemble afin de nous doter de la force tranquille de l'éléphant dont la colère est toujours justifiée.

La France a attaqué la Côte d'Ivoire le 19 septembre 2002 en soutenant les rebelles formés dans les pays voisins. C'est donc à ce pays que nous avons affaire pour régler la crise.

Du côté de notre Etat, ce n'est pas la bonne volonté qui manque pour résoudre la crise, sans effusion de sang supplémentaire. A cet effet, nous constatons à ce jour que le peuple ivoirien, par le biais des instances étatiques qu'il a légalement mandatées, a fait des concessions exceptionnelles et uniques dans une démocratie moderne. En effet, au nom de la paix, le Premier ministre du parti politique, démocratiquement élu et nommé par le Président de la République, a cédé son poste. Le Président de la République démocratiquement élu a, lui-même, cédé temporairement de larges pouvoirs qui sont les siens à un Premier ministre dit de consensus. Parallèlement, plusieurs ministres dévoués, mettant en œuvre des programmes économiques et sociaux vitaux pour le bien-être de tous les citoyens, ont cédé leurs postes pour faire place aux rebelles de trois milices privées protégées par la France : le MPCI, le MPIGO, le MJP et leur rassemblement.

Il est donc clair que, depuis le 19 septembre dernier, la population et son Etat n'ont fait que céder au nom de la paix. Nous considérons qu'est arrivé le temps de récolter le fruit des efforts de concession des institutions de la République, de récolter le fruit de notre patience, de récolter le fruit de la sueur et du sang que nous avons versés, nous peuple de la Côte d'Ivoire. Nous avons attendu et nous avons mis la table pour que les revendications politiques des rebelles soient prises en compte dans le cadre de l'animation de toutes les institutions de l'Etat, et ce, fait unique, avec la participation directe de ces rebelles dans la prise des décisions au Conseil des ministres. C'est pourquoi, nous demandons au gouvernement de réconciliation de Seydou Diarra de mettre en place sans délai le processus de désarmement de toutes les milices privées, à commencer justement par celles dont les représentants sont au Gouvernement : le MPCI, le MPIGO et le MJP. En d'autres termes, ou bien Seydou Diarra fait son travail ou bien le peuple le fera à sa place pour retrouver ses droits et sa dignité.

En résumé, le peuple ivoirien entrera en croisade contre les déstabilisateurs de sa République. Il doit être vigilant et montrer sa détermination, car la démocratie se construit par la mise en place, de façon ferme, des idées justes. Aussi, le succès de Marcoussis qui nous a été imposé se verra par deux résultats concrets :

1- la garantie de la prise en compte des revendications des rebelles

2- le désarmement desdits rebelles.

Le premier résultat est au rendez-vous. Nous voulons le second résultat et nous le voulons maintenant. Aussi, toute pression extérieure, notamment de l'ONU, sous quelque forme que ce soit, doit exclusivement être axée sur le seul problème restant de la crise ivoirienne : le désarmement des rebelles "ministrés" à coups de dizaines de millions de francs CFA de nos impôts, et ce par mois seulement. C'est pourquoi, toute tentative extérieure visant à déstabiliser notre régime démocratique sera combattue. Cet avertissement vaut pour toutes les branches de la déstabilisation en Côte d'Ivoire. Et la Minuci, créée le 13 mai dernier par le Conseil de sécurité, et dont l'objectif camouflé est de mettre notre pays sous tutelle, devrait en tenir compte pour être favorablement accueillie en Côte d'Ivoire. Le peuple ivoirien est souverain et assumera sa souveraineté contre vents et marées. A bon entendeur, salut !

# Table des matières

I/ Introduction .......................................... 7
-le gangstérisme international d'Etat ........................ 7

II/ -Côte d'Ivoire : Comment la France a organisé
la rébellion .................................................. 15

III/ -Linas-Marcoussis ou le coup d'Etat constitutionnel 21

IV/ -Pourquoi les Ivoiriens rejettent Marcoussis ....... 33

V/ -L'ONU, la France, les FANCI et la sortie de crise 53

VI/ -Conclusion ......................................... 83

693997 - Janvier 2017
Achevé d'imprimer par